相识莫相忘
且行且珍惜

闲品秦淮八艳

王臣 著

团结文化出版公司

·北京·

图书在版编目（CIP）数据

相识莫相忘，且行且珍惜：闲品秦淮八艳 / 王臣著. —北京：
国际文化出版公司，2016.9
ISBN 978-7-5125-0864-4

I.①相… II.①王… III.①女性—名人—列传—南京市
IV.① K828.5

中国版本图书馆 CIP 数据核字（2016）第 178979 号

相识莫相忘，且行且珍惜：闲品秦淮八艳

作　　者	王　臣
总 策 划	葛宏峰
责任编辑	宋亚晅
统筹监制	李　莉
策划编辑	耿媛媛　孟卓晨
美术编辑	秦　宇
出版发行	国际文化出版公司
经　　销	国文润华文化传媒（北京）有限责任公司
印　　刷	阳谷毕升印务有限公司
开　　本	880 毫米 × 1230 毫米　　　32 开
	9 印张　　　　　　　　　　170 千字
版　　次	2016 年 9 月第 1 版
	2020 年 1 月第 2 次印刷
书　　号	ISBN 978-7-5125-0864-4
定　　价	48.00 元

国际文化出版公司
北京朝阳区东土城路乙 9 号　　　邮编：100013
总编室：（010）64271551　　　传真：（010）64271578
销售热线：（010）64271187
传真：（010）64271187-800
E-mail: icpc@95777.sina.net
http://www.sinoread.com

目　录

序言　假如此生可以不提生计与爱情

朱雀桥边野草花，
乌衣巷口夕阳斜。
旧时王谢堂前燕，
飞入寻常百姓家。

刘禹锡的《乌衣巷》是老少皆知的一首诗。旧时年里金陵城的烟火况味莫不在其话下。而今南京城的朱雀桥、乌衣巷亦是四方游人趋之若鹜之地。常年都是极有人味的一个好地方。商贩、小吃、老房、旧河，也一一都保有极是古朴端庄的模样。

家距金陵不过三十公里，驱车不足一

小时便到。少时不常出门也知道，南京城是离家好近的一座城。这当中一条秦淮河，更是不少游人谈情说爱的好去处。去河边小坐，听人声、看风景，都是上佳的。

只是，平日里，大约鲜有人会想起，这河畔数百年前曾是媚声妖娆的烟花柳巷，也不再轻易谈起昔年住在这秦淮河边艳绝群芳的那八个女子。往事依依，难再回。

而今凭吊，只叹福薄，不能一睹旧时伊人风采。念及当年曾有那么一群文人骚客却在这秦淮河边一枕桃花享尽了风流，竟忍不住心下生有几分嫉妒。

近日，连续去了几回秦淮河，心下百感。秦淮河，素为"六朝烟月之区，金粉荟萃之所"，更兼十代繁华之地，被称为"中国第一历史文化名河"。远在石器时代，流域之内便有故事。从东水关至西水关的沿河两岸，东吴以来一直便似锦繁华，人丁兴旺。

至六朝时代，始成为名门望族聚居之地，商贾云集，文人荟萃，儒学鼎盛。至宋代，始成为江南文化的中心。至明代，更是到了十里秦淮的鼎盛时期。明末清初，又有了这艳绝于史册的"秦淮八艳"之故事久传于世。想那旧时年，此处放眼望去，满目定是：

秦楼楚馆，
画舫凌波，
桨声灯影。

数年前，便起了写秦淮八艳的念头。只是不想，一别至今日。方才提笔写就。读余怀的《板桥杂记》，心中惘然。昔日美人如画，孤身侧倚秦淮岸边，看往来行客，所求亦不过只是能得一良人青眼，朝暮贴侍，有家有人有顾爱，如此便可知足一生，聊度一世。以才色事人，求的是生，亦是爱。到而今，旧事皆已苍凉。

那些年的老旧时光，是没有机会复返的。那些年的秦淮风影，亦是再不能得见。往事到底是沧桑了。连美人也迟暮，不在了。能做的，也就只是当一回事后诸葛，提笔写一写，假装自己前生前世是朱雀桥边寂寞的江湖看客。

一箫一剑，竹杖芒鞋，来此游过。

有古画《金陵八艳》，壁挂里是八美人旖旎。陈圆圆、马湘兰、卞玉京、寇白门、李香君、顾横波、柳如是、董小宛。大约是画者私心里照此排了位次。其实是徒然，煞了风景。但也是至此，方才有了"秦淮八艳"的说法。也可备为一观。毕竟，她们是秦淮河边万紫千红里最殊胜的几点风情。

旧时，妓女亦有身价、地位的高低之分。明代秦淮一带妓女便有"南曲""北曲"之分的说法。南曲，指的便是才色出众的艺妓，以艺事人，通常不出卖肉身。且美人身侧皆有丫鬟侍奉，形同大家小姐。秦淮八艳如是。北曲，则是身价、地位较低的一族，多以色事人，境况凄凉。

文人狎妓之风是旧时传统，历史已久。与才色品格出众的艺妓交往，在文人心中更是一件上上风雅之事。大诗人白居易便曾蓄妓二三，以悦目赏心。所谓"风流"，是放浪不羁，是君子有所为、有所不为，更是红袖添香、美人在侧的一点文人恋世情怀。

古有"秦淮八艳"。
今有"金陵十三钗"。

旧影秦淮，雅集丽品。

绿树生花，叶叶关情。

只愿一支拙笔能触及旧日之一二风情。

王臣

二〇一五年七月

素心

〔马湘兰〕

一

马湘兰，一世安稳。

马湘兰的生存年代，与另外七艳相去甚远。另外七艳当中，柳如是生年最早，也已是 1618 年。马湘兰的生卒时年虽不可考，但流传最广的说法是生于 1548 年，卒于 1604 年。皆是大明的平安年代，不遇乱世。乱世人心畸险，前有秦淮美人葛嫩被戕，后有秦淮美人王月被张献忠烹食。令人瞠目。

她生与死皆不及乱世，此乃大幸。

昔日，以为余怀《板桥杂记》所记"马娇"即是八艳之马湘兰。后知，非是如此。余怀，年长柳如是两岁。生存时年，马湘兰早已作古，终生不曾见得马湘兰。在《板桥杂记》中卷《丽品》篇首余怀有记："曲中名妓，如朱斗儿、徐翩翩、马湘兰者，皆不得而见之矣……"。"马娇"便是"马湘兰"的说法讹传甚久。自觉有订正之必要。

马湘兰，本名守真。字湘兰，小字玄儿，又字月娇，但与"马娇"实乃两个人，不可混淆。金陵人士，祖籍湖南。因在家中排行第四，也常被人唤作"四娘"。都说马湘兰"姿首如常人"，不足够美。

可，什么叫作美呢？

陈圆圆当然美，一笑倾城，再笑倾国。男权当道的历史书册里也要为她辟写一页。平常样貌的女子，若画得一手好画，又写得一手好字，还会填词赋诗，歌舞又俱佳，且淡静似兰花，不争不抢，循循如也。那么，谁人又敢说她不美呢！

淡淡女子。

马湘兰如斯。

二

秦淮河畔，粉黛如云。人人都盼着能遇如意郎君，从此洗去铅华，远离风尘，做一个朴素安稳的居家妇人。不再抛头露面、永诀以笑事人。只愿能无嚣无扰地躲在深闺里，做做女工、种草莳花，闲来与夫君吟诗作画，花前月下。两相安好地过一辈子。

马湘兰也有这样的心思、愿景。

通常，她不接待胸无点墨、粗糙潦草的男客。一掷千金，她也不为所动。相传，早年曾有一个孝廉慕名来访，但马湘兰一眼望去，便知他是登徒浪子，因此，丝毫不留情面，就将其拒之门外。只是运命爱开玩笑。十年河东，十年河西。今日你春风得意，他日便可能是另一番模样。

数年之后，当日遭拒的孝廉竟浑水摸鱼混到了吏部主事的位置。不巧，马湘兰因事正中其手。此人徇私，欲报仇雪耻，以泄当年之愤恨。心想，倒要看看秦淮河边这区区一名妓女能有几分骨气。不料，马湘兰凛然一身，丝毫不惧。三言两句，说得此人哑口无言。压力之下，只能将她释放。

马湘兰知道自己要什么，不要什么。这很难得。她要的从来也不是金银珠宝，她要的只是一个两情相悦、能娶她回家的男子。钱财乃身外之物的道理，没有人比马湘兰看得更清透了。周遭的人都知道她是不吝钱财、挥金如土的豪气女子。

据说，当年马湘兰的一名侍女某日不小心打碎了她贵重的玉簪，侍女连忙下跪请罪，生怕被主子责罚。但马湘兰心宽，只说这玉碎之音悦耳，不曾想要责罚。是这样一个心善的女子，待人待事皆有一种宽宏跟大气。做人难，难的是心里有一杆秤，能评断人心是非。

在烟花之地，最是难活。妓女不易，妓女的侍女更是凄凉。只是，马湘兰不同。出身寒微是运命，对待侍女从来温柔。此生皆不是良家好命的人，何必相逼。也是因此，人人都说她马湘兰好。可是，之于马湘兰，旁人爱赞并不是重要的，重要的是，他也能够知道。世上，许不止一人能得她的身体。

但只有一人，可以动得了她的心。

他是王稺登。

三

王穉登，字百谷，号半偈长者、青羊君等。祖籍江阴人，后移居吴门（今苏州）。是吴中盛名在外的书法家。也是少年得意人。四岁敏慧，能与人作对，六岁能书擘窠大字，十岁能吟诗作赋。嘉靖末年，入太学，因写牡丹诗名扬京师。

昔年，王穉登曾拜与名重一时唐伯虎齐名的吴中四大才子之一的文征明为师，入"吴门派"。文征明去逝之后，王穉登振华后秀，主词翰（诗文与书法）之席三十余年。嘉、隆、万历年间，布衣、山人以诗名者有十数人，然声华显赫，王穉登为最。是吴门派末期的代表人物。

王穉登的书法，真草隶篆俱佳，争相收藏其作品的人不在少数。清代大诗人钱谦益《列朝诗集》云："（王穉登）名满吴会间，妙于书及篆、隶。闽粤之人过吴门者，虽贾胡穷子，必踵门求一见，乞其片缣尺素然后去。""公安三袁"之一的袁宏道认为他的诗文"上比摩诘（王维），下亦不失储（储光曦）、刘（刘长卿）"。

王穉登一生著作等身。撰著诗文有二十一种，共四十五卷。

包括有《王百谷集》《晋陵集》《金阊集》《弈史》《丹青志》《吴社编》《燕市集》《客越志》等。且后四种被收录进《明史·艺文志》，《弈史》被《四库存目》收录。王穉登又擅长戏剧，有戏剧《彩袍记》《全德记》留世。

可见，王穉登当时才名鼎盛。如今，故宫博物院里甚至也藏有王穉登的书法代表作《行书录宋人语轴》。嘉靖末年，王穉登北上，做了大学士袁炜的宾客。后袁炜得罪了掌权的宰辅徐阶，王穉登受到牵连，仕途受阻。回到江南，放浪形骸。后组织"南屏社"，广交豪杰。也是在这个时候，王穉登来到金陵，结识了马湘兰。

当时流传着这样一句话：

寻芳不识马湘兰，访遍青楼也枉然。

那几年，马湘兰好年轻、好身段、好歌喉、好画技、好书法，还有一副似玉沉静的面容。内心又爽利如男子。大概最理想的红颜知己就应当是这般模样的了。安宁、素洁，静好在侧。见惯了热闹见惯了脂粉美人的士子文人，遇到马湘兰，心头总要一热。

世间女子，能有几个如她一般，知心意，又沉静，还潇洒利落。与她说一会儿话，喝几杯茶，饮几觥酒，都是甚美的事。如月之皎洁，如夜之宁静。你还能与她说一说仕途不济的惆怅跟人生无常的伤感。她总会少言少语，偶然一句，又讲得入神入心，令人高兴。

只是，送张迎李、自轻自贱的生活令马湘兰倍受煎熬。她总想着，寻得一个有心人，能带她走。追求恋慕者众多，发愿为之赎身的人亦不在少数。只是，马湘兰心气甚高，但凡可以忍耐，亦绝不草率择偶，了此一世。直到王稚登出现。

男人一旦仕途不顺遂，便想着从女人那一处得到温柔来抚慰、疗伤。仿佛在男人背后料理男人的脆弱是女性命定的职能。至少，在那个时候，都是这样以为。人人皆说马湘兰好，王稚登自然也是想要去走一遭，看一回的。

世事总是奇巧。

彼时，马湘兰阔气，都以为她是杜十娘，也有一个百宝箱。压榨勒索她的贪官、地痞不在少数。往日里，能应对下来，只能说明来者生性依然不足够坏。那日，又有贪官逼财，气势凶恶。当真是遇到一个穷凶极恶之人，马湘兰一时也失了方寸。

恰逢王穉登来访。他与西台御史有私交，见状，总是忍不住想要替美人解围的，男人惯来如此。王穉登请御史出面，三两下便替马湘兰消除了烦恼。是以，马湘兰便觉，此人待她与旁人不同。不掷金银，亦不浮浪，所有情意都用在刀刃上。当他是英雄。

其实，马湘兰与王穉登也算相识甚久，他待她又一贯疼惜有佳，甚是怜爱。二人也曾有过良辰缱绻的花前月下。只是当初，他不过是她众仰慕者当中的一个，平淡无奇。不过，马湘兰不是容易倾付真心的人。直至此刻，马湘兰看王穉登，才有所升华，一颗心为之一动。

彼时，她大约也觉得，他对自己也是动了真情真意的。因而此后，马湘兰待王穉登与从前有了不同。同样是写诗作画，花前月下，但她的心境已然有了变化。当她觉得时机成熟之时，婉转表露了自己的心意，暗示王穉登自己有心跟随的想法。

是，她想要嫁给他。

或许，马湘兰的一生，错就错在了，"以身相许"这样的话是她先开的口。中国人自古有含蓄之美德，延伸到爱情这件事上，美德常常变成算计。仿佛，在一段僵持不下没有进展的关系当中，谁先一时主动，谁便一世被动。人心叵测，总有人把对方的勇敢当作把柄，拿住对方的一生。

果然，王稺登这样回答：他助她脱困，从来不是为了得到她。又说，若只为私欲，自己岂非与匪徒无差。甚而搬出自己修道一说，疏离女色。说得令人瞠目结舌。其实，说到底，王稺登是高看了自己、低看了马湘兰。他只是觉得她配不上自己罢了。

而今尚有门当户对之说，何况五百年前的男婚女嫁。在王稺登眼里，妓女终归是妓女。能一朝赎身、改嫁良人的到底是稀有中之稀有。纵她美胜西子，才媲谢子，也未必能有一个善终。王稺登不是钱谦益，也不是龚鼎孳，他以为，自己看重的在外的那几分虚面绝不能毁于马湘兰之手。

之于王稺登而言，马湘兰不是爱人，是只可与之谈情却不可与之相爱的一个风尘女子，简言之，他待她五分真心真意五分逢场作戏。他们之间可以维持的，只能有一层无名无分的关系。之于男人而言，暧昧要比爱，来得轻松无挂碍。

这不是马湘兰的问题，也不能全然算是王稺登寡情，是那个旧病的年代里根深蒂固的顽疾。是马湘兰福薄，周身一点一滴一朝一夕的迷艳又繁杂的关顾之中，她竟只爱上了一个只求自身周全的王稚登。王稚登对她的好，从来都是深思熟虑，张弛有度，小心翼翼的。

"分寸"二字，王稚登最是懂得。

如何与不愿迎娶之女子交往、暧昧，王稚登深谙其道。对马湘兰的伤害，看似是缓慢的，实则是漫长至要伤她一生一世的。王稚登并不在乎，他要的，从来不是与她一生一世、至死不渝。他要的，就只是一段情轻爱淡、藕断丝连的露水情缘。在马湘兰的身上，王稚登寻找的只是一种存在感。

是，听上去很是令人生厌，但不可否认，这也是他的本事。他虽婉拒马湘兰，但马湘兰心思澄明，知其顾虑。关于婚嫁一事，此生此世，永不再提。她把自己放到最低，站在远处，不争不抢，不索不求，默默爱他。至此，马湘兰的人生被分成两半。一半谋生，一半等爱。

一半送李迎张，与岁月分庭抗礼。
一半敛心低眉，与爱情相敬如宾。

感情这件事，原本是充满私心的，谁人敢义正言辞地说对所爱之人毫无贪图。你期望从对方身上获得的关注、照顾、怜惜、爱慕，已是最大的念欲。可是，马湘兰却反其道而行，一生凄迷。怎样的女子最令人伤感？只爱不取，亦不求得。马湘兰如是。

马湘兰与王稚登的一段情事，没有肝肠寸断，没有生死缠绵，亦没有海枯石烂的山盟海誓。有的是如水沉静、无波无澜的曾经跟过往。他给她一刹那，她还他一辈子。所谓"之死靡他"，读马湘兰的故事方能知悟。爱一个人不容易，爱一个不属于自己的人何其艰辛？

四

她也曾遇见别的人。

一个来自乌江的少年。他实在太年轻。年轻得以至于马湘兰十分惶恐。来自于少年的爱，是出于怎样的心理。爱慕她一朝明艳，却又一朝颓败的容颜？还是爱慕她点墨成兰或是歌舞俱佳？亦或是闻听她挥金如土而有所顾念吗？

她不知道。

也未曾细想。

她只是很冷漠地拒绝了他。可是，少年不依不饶，不肯离开。看上去，仿佛是真的热爱。一日，有人勒索，马湘兰应对此类聒噪的事，亦是颇有经验。虽偶遇大奸大恶之人仍有困扰，但到底也不是天大的麻烦。

不想，未及马湘兰出手，少年便掏出"三百缗"钱来将人打发。明末，一缗钱是一千文，大约一两银子。三百缗就是大约三百两，不是小数目。马湘兰不曾想，少年出手如此阔绰，猜他大抵是富庶子弟。拿人手软。无法，马湘兰再不好开口将人撵走。

后来，二人也算有过一段彼此温柔相待的日子。这青衫少年，不仅有财，也甚浪漫。曾为马湘兰买地、买房、买首饰，还有仿佛永不决断的山盟海誓。当真是日日待她如新妇。只是，日长夜长，少年终于按捺不住心中情愫，想要更进一步，娶她为妻。是到这时，马湘兰方才如梦初醒。

关于嫁娶一事，如今已不愿去想。

有王穉登在先，此次，马湘兰自然会思虑得更周全、更长远。起初，她以为少年一时兴起，对自己青眼有加，一如寻常来客，不会长久。不想，他待她已到这般地步。可年少轻狂，谁能保证十年、二十年、一辈子，他果真如叶芝所言，一如既往热爱她苍老、颓败甚至令人绝望的容颜呢？

马湘兰再不敢轻言一生。

她日渐变成一个谨言慎行、小心翼翼的女子。对世间男子本无奢望，偶尔盼念，终究还是朝夕云烟，刹那尽散。昔日，尚且不被眷顾，今次，她亦不敢奢求。对待乌江少年，能做的，只有毅然决然地离开，再不能拖泥带水、不忍顾念。那时，她已经五十岁，不敢徘徊。

至此，二人彻底分离。

这段故事始见于王穉登的《马姬传》，真伪难辨。若是果真有此事，倒是要替马湘兰遗憾。虽是半老徐娘身，嫁与年纪半数于自己的青衫少年会招来一身流言，但总好过孤身无依一辈子的好。并且，谁人敢说，少年郎痴心风尘女，一定不是真爱呢？

少年离开，马湘兰的生活复归平静。

五

那时，马湘兰虽已是半老徐娘，但却不见丝毫沧桑，风韵依旧不减当年，令来往之行客沉醉流连。所谓"女为悦己者容"，这个道理大概没有人比马湘兰理解得更为透彻了。经年美艳如花，迟迟不肯老去。为的不是生计，不是任何的其他。

为的仅仅是一个他，王稺登。

马湘兰心知自己出身寒微，也不怨怪王稺登当日之拒。虽此生与他眷属难成，但能够与之两两相顾，她便觉得已是满足。哪怕两分天涯，也能心心相伴，毕竟他们曾经有过最好的时光。而这，大概又恰到好处地遂了王稺登的心意。

面对王稺登，马湘兰拥有的忍耐与笃定，非常人可比。世事无常，爱亦如此，它是一直在变化的。马湘兰为她痴守一生，私以为，与其说这依然是爱，不如讲她是不忍抛弃自己这么多年绝无仅有的爱情理想，或者说那是她最后的精神依皈。

她可以接受别人拒绝自己。
却没有办法自己背叛自己。

马湘兰爱兰花成瘾，相传她所居庭院满满只有兰花。日日与兰为伴，其人也日渐如兰一般素淡有味，清净有持。绘画的天赋配上马湘兰的不俗品味，马湘兰笔下的兰花，秦淮河畔一时间无人能比。比不过的，还有她的优雅宁静。

而今，北京故宫博物院里依然收藏有数幅马湘兰的画作。包括《兰竹石图》卷、《兰竹图》扇、《兰竹石图》扇、《兰竹图》轴、《兰花图》卷、《兰竹水仙图》轴等。上海博物馆、苏州博物馆，皆藏有马湘兰画作。甚至在日本东京博物馆中，也收藏着一幅她的《墨兰图》，被日本人视为珍品。可见，马湘兰的绘画技艺水准之卓尔。

她的《墨兰图》还有一首题诗：

何处风来气似兰，帘前小立耐春寒。
囊空难向街头买，自写幽香纸上看。
偶然拈笔写幽姿，付与何人解护持？

一到移根须自惜，出山难比在山时。

当年，王稺登时常成为马湘兰画作的初赏者，更时常为她的画作题字赋诗。他到底也是性情中人，昔年曾特地寻到当时的雕刻大家何震为马湘兰雕琢了一枚印章，上刻"听骊深处"四字，还送与马湘兰一枚珍贵歙砚。当时，马湘兰心中感动，写下几句砚铭：

百谷之品，天生妙质。
伊似惠侬，长居兰室。

以"百谷"代指王稺登，爱赞其品质。渴慕与之长相厮守的心思藏于字里行间。相似的画上题诗也不在少数。有诗曰："一叶幽兰一箭花，孤单谁惜在天涯？自从写入银笺里，不怕风寒雨又斜。"从良嫁人的心意隐隐约约，甚是伤感。

又有诗曰："绝壁悬崖喷异香，垂液空惹路人忙。若非位置高千仞，难免朱门伴晚妆。"这诗便令人读之伤心了。她自知身份，唯恐王稺登待她只若寻常妓女，以为她心身如一，都是不洁。事实上，她担忧的便正是王稺登心中所想。

他是那样地不懂她。

他以为，从良嫁人亦难改本性。长居烟花柳巷，洁身自好实不可寻。好比分开之后经年再见，他那一句"卿鸡皮三少若夏姬，惜余不能为申公巫臣耳"。夏姬何人？春秋美女，私通君臣，其人极擅媚术，生性浮浪，与情夫巫臣暗度陈仓。王穉登说，虽然你美若夏姬，但可惜我做不了巫臣。

似是爱赞马湘兰，实则是抬举了自己，又贬损了她。说话的艺术，王穉登很是精通。后来，王穉登被召入京编修国史，二人分离。欲入京城一展抱负的王穉登未料运命难测，前途堪忧，依然潦倒。编修国史的噱头之下，王穉登被分派所做的皆是琐碎无用的小事。

重回江南之后，王穉登移居姑苏（今苏州）。

好重虚面如王穉登，因仕途一再受阻，便自觉没有颜面与马湘兰相见。遂，避之不及，远离金陵。这一别便是三十余年。马湘兰从二八女子变成半老徐娘。期间，也从未中断联络。偶也有家书一般的书信来往。昔日二人曾有"吴门烟月之期"，可惜迟迟未能兑现。

带着期望生存终归不是坏事。马湘兰如是。将对王穉登的热爱掩埋在心，变成一束微光，等待这星星之火哪一日奇迹似地闪耀出日照般的光亮。数十年书信往来，二人不提情，不提爱，不提嫁娶，只说漫长岁月跟寂寞昼夜。

六

1604 年，王穉登七十岁。

七十寿辰前夕，王穉登终于忍不住开口提及往事旧约，欲与马湘兰相见。但落在我眼里，此举又显得私心慎重，人品可疑。平日里无事，惟愿之于两不相见。是到了想要撑起门面炫耀于世人眼前的时候，方将故人想起，请求相见。

所谓相见，亦不过只是想要马湘兰歌舞助兴，扩他寿辰之排场。彼时的马湘兰已五十六岁。初心不变。王穉登相邀，自无推辞。不顾肉身年迈，依然盛装而来。随行的，还有一支歌舞名妓十余人的队伍。不问路途远疏，从金陵渡船赶至姑苏。

马湘兰在王家的歌舞表演长达两个月，在姑苏城里城外一时间甚是轰动。一如王穉登所期许的，排场，热闹，欢喜，马湘兰皆有本事为他做到。寿辰那夜，她率众舞女舞姬，特地为他唱了一支曲：

> 举觥庆寿忆当年，
> 无限深思岂待言。
> 石上三生如有信，
> 相期比翼共南天。

曲之哀婉深切，在场宾客无一不为之动容。王穉登当下亦是听得心中惆怅。或许，某个刹那，王穉登意识到：大约，这世上再没有比马湘兰更钟情于他的女子了；大约，这世上最不该辜负的女子，便是眼前的马湘兰了。

累月劳顿之后，马湘兰复归金陵。不久之后的某个寂静如死的下午，马湘兰仿佛是有所预想的一般，沐浴更衣，洗尽尘埃，来到她的"幽兰馆"里燃灯礼佛，安静离世。那一年，是1604年，她为他做完了贺寿这最后一件事。

马湘兰去世之后，怀念她的人很多。

王穉登仿佛也心灰如死。

但有些东西，错过了，就真的没有了。

七

马湘兰。

她比烟花更寂寞。
孤独地爱过一个人。
安静地走完了这一生。

附

/ 王稚登 / 《马姬传》

王稚登云：

嘉靖间，海宇清谧，朝野熙熙，江左最称饶富，而金陵为之甲。平康诸姬，先后若而人风流艳冶、鹊黑鸦黄、倾人城国者何限？在马姬先者，刘、董、罗、葛、段、赵，与姬同时者，何、蒋、王、杨、马、褚，青楼所称十二钗也。马氏同母姊妹四人，姬齿居四，故呼四娘。小字玄儿，列行曰守真，又字月娇，以善画兰，号湘兰子，而湘兰独著，无论宫掖戚畹、王公贵人、边城戍士、贩夫厮养，卒虽乌丸屠各、番君貊长之属，无不知马湘兰者。湘兰名益噪，诸姬心害之，及见马姬，高情逸韵，濯濯如春柳早莺，吐辞流盼，巧伺人意，人人皆自顾弗若也。

姬声华日盛，凡游闲子沓拖少年走马章台街者，以不识马姬为辱，油壁障泥杂沓户外。池馆清疏，花石幽洁，曲室深闺密，迷不可出。教诸小鬟学梨园子弟，日为供帐燕客，羯鼓胡琵琶声与金缕红牙相间，北斗阑干挂屋角犹未休。虽缠头锦堆床满案，而金凤钗、玉条脱、石榴裙、紫襜裆常在子钱家，以赠施多，无所积也。祠郎有墨者以微谴逮捕之，攫金半千，未厌，捕愈急。余适过其家，姬被发徒跣，目哭皆肿，客计无所出，将以旦日白衣冠送之渡秦淮。会西台御史索余八分书，请为居间，获免。姬叹："王家郎有心人哉！"欲委身于我。余谢姬："念我无人爬背痒，意良厚；然我乞一丸茅山道士药，岂欲自得姝丽哉！脱人之厄而因以为利，去厄之者几何？古押衙而在，匕首不陷余胸乎？"由是不复言归我，而寸肠绸缪，固结不解。正犹禅人云："如鱼饮水，冷暖自知。"亦惟余与姬两心相印，举似他人，不笑即唾耳。

乌伤一少年游太学，慕姬甚，一见不自持，留姬家不去。俄闻门外索逋者声如哮虎，立为偿三百缗，呵使去。姬本侠也，见少年亦侠，甚德之。少年昵姬，欲谐伉俪，指江水为誓，大出橐飚，治耀首之饰，买第秦淮之上，用金钱无算；而姬击鲜为供具仆马，费亦略相当。是时姬政五十，少年春秋未半也，锦衾角枕相嬲婉久，而不少觉姬老，娶姬念愈坚。姬笑曰："我门前车马如此，嫁商人且不堪，外闻以我私卿犹卖珠儿，绝倒不已。宁有半百青楼人，纔执箕帚作新妇耶？"少年恋恋无东意，祭酒闻而施夏楚焉，始鞅鞅去。

盗闻之，谓姬积钱货如山，暮入其室，大索宝玉。不满望，怒甚，尽斩书画玩好，投池水中。姬贫乃次骨。后楼船将军于江中捕得盗，搜其箧，出马氏负子钱家券累累，而后知姬室中靡长物也。然其侠声由此益著。

先是，姬与余有吴门烟月之期，几三十载未偿。去岁甲辰秋日，值余七十初度，姬买楼船，载婵娟，十五五，客余飞絮园，置酒为寿。绝缨投辖，履舄缤纷满四座，丙夜歌舞达旦，残脂剩粉，香溢锦帆。泾水弥，月氤氲，盖自夫差以来，龙舟水殿，絃管绮罗，埋没斜阳荒草间，不图千载而后，仿佛苎萝仙子之精灵，鸾笙凤吹，从云中下来游故都，笑倚东窗白玉床也。吴儿啧啧夸美，盛事倾动一时。未几，复游西湖。梅雨淹旬，暑气郁勃，柔肌腻骨不胜侵灼，遂决西归之策，约明年枫落吴江，再过君家三宿，邀君同刺蜻蛉舟，偏穷两高三竺之胜，不似今年久客流连，令主人厨中荔枝鹿脯都尽也！余方小极，扶病登舟送之。射渎分袂之顷，姬握手悲号，左右皆泣，余亦双泪龙钟，无干袖矣。比苍头送姬自金陵返，述姬所以悲号者，怜余病骨尪然，不能俟河清也。呜呼，孰意姬忽先朝露哉！

余别姬十六寒暑，姬年五十七矣，容华虽小减于昔，而风情意气如故，唇膏面药，香泽不去手，鬓发如云，犹然委地，余戏调："卿鸡皮三少如夏姬，惜余不能为申公巫臣耳！"归未几，病暍已。病瘵下，皆不在死法中，医师妄投药，绝口不能进粥糜水食者几半月。先是，姬家素佞佛，龛事黄金像满楼中，夜灯朝磬，奉斋已七年。将逝之前数日，召比丘礼梁武忏，焚旃檀龙脑，设桑门伊蒲之馔，令小娟掖而行，绕猊座胡跪膜拜，连数昼夜不止。趣使治木狸首，具矣，然后就汤沐，衲服中襄，悉用布。坐良久，暝然而化。此高僧道者功行积岁所不能致，姬一旦脱然超悟，视四大为粉妆骷髅，华囊盛秽，弃之不翅敝屣，非赖金绳宝筏之力，畴令莲花生于火宅乎？彼洛妃乘雾，巫娥化云，未离四天欲界，恶得与姬并论哉！

姬稍工笔札，通文辞，擘笺题素，裁答如流，书若游丝弱柳，婀娜媚人，诗如花影点衣，烟霏著树，非无非有而已。然画兰最善，得赵吴兴文待诏三昧，姬亡后，广陵散绝矣！

姬姿容虽非绝代，而神情开朗，明忝艳异，方之古名妓，何忝苏小、薛涛、李娃、关盼诸人之亚匹与！胡不择名流事之，纵未能贵齐汧国，燕子楼中不堪老乎？欲作王家桃叶、桃根！

余强学吾宗处仲解事，事遂不谐。以此负姬，惜哉！侠骨虽香，不逮蝉蜕污泥耳。

出处：《四库全书存目丛书》第 193 册

子部《亘史钞》第 534 页

《亘史外纪》卷四

齐鲁书社，1997 年

/马湘兰/马湘兰致王百穀手札卷

昨事恼怀帖

昨事恼怀，不可胜言，恨不能借北方朱旗星剑，摄提此恶，以雪忿耳。日来作何状，早已令僮往马府奉候，有一帖一大翠，想入目矣。满拟今日必过馆中，不意又作空想，奈何奈何。十年心事竟不能控，此别更不知相逢于何日也。自做小袋一件、绉纱汗巾一方、小翠二枝、火熏一只、酱菜一盒奉上。又乌金扣十付致夫人。又兰花一卷，匆匆不堪，俟便舟从容图一卷寄上。不尽之情，惟君亮之亮之。途中酷暑，千万保重，以慰鄙怀。临行不得一面，令人怅然，不知能同此念否。至吴中千万洞图书寄我，幸毋相忘，至嘱至嘱。玉体千万调摄，毋为应酬之劳致伤元神也。玄儿叩首拜复。百穀二郎亲目。

早有柬致足下，幸查明复我，千万千万。

准游吴中帖

客岁拟今春准游吴中，以遂夙愿，不意竟为势阻，不克舒遂鄙怀，奈何奈何。屡辱手教远遗，垂惠睐眷，令人感刻肝腑。蒲柳之材，曷能当此，深谢深谢。第此缘未识何日方酬也。捧读手书，恨不能插翅与君一面，其如心迹相违，徒托诸空言而已。良宵夜月，不审何日方得倾倒，令人念甚念甚。即欲买艑过君斋中，把酒论心，欢娱灯下，奈暑甚，难以动履，又不能遂此衷。薄命如此，恐终不能如愿也。言及于此，心甚凄然。玉郎曾垂怜一二否？适因家事，匆匆不及细陈。中秋前后，纵风雨虎狼，亦不能阻我吴中之兴也，君当留神何如。冗中执笔，草草数语附复，殊不尽言。天暑，千万珍调，毋致伤元神，至嘱至嘱。临书不胜凄咽，惟心照。百穀二哥亲拆。端阳月十四日卯时马玄儿端肃拜。

外寄西洋夏布直一袭，熟罗汗巾香袋一枚，伴缄又具古镜一面、紫铜锁二把、领一根、香茶二封，幸检入奉尊夫人。

大房被害帖

久疏问候，情殊歉然，相爱如君，定能心照之也。吴中之约屡失，因有所绊。前从者回，曾具书内，想亦知之矣。昨者大房被害，余波及之，迄今郁郁于怀，恨不得与故人一倾诉耳，奈何奈何。金春元在京，甚为贼子不平之怒，吾兄闻此，亦为贼子怜之否？兹因绍玉居士之便，郊外归馆，灯下作此奉候，匆匆不及细陈。遥想丰神，望之如渴，心事万种，笔下不能尽，谅罗居士口详之也。会晤无期，临书凄咽，惟心照。登哥亲目。仲春廿四日灯下玄妹具启。

自制五彩大领一根寄夫人，乞笑留。《喜鹊报冤》一册寄上奉看。左冲。

惠兰帖

屡承垂怜，使贱子感刻肝腑，没世不能忘也。昨勉强赴朱老八酌，致天明方回。妹之怀抱颇不加（佳），不胜其劳，朝来遂尔成疾，奈何奈何。早幕中辱兰花之惠，兼聆文翰，如睹玉语，午余乞降玉一话，今夕万不获已之事，俟面控诉。文驾明日是必不可发行，既垂怜如此，岂不缓二三日，千千万万。余愫惟面悉。百穀二哥亲目。薄命妹马月娇力疾拜。

梦江事今日曾定否？慎。

苦雨帖

苦雨无端，谅旌旆不果东还也。来晨过馆，一叙何如？尊扇少顷完上，余不尽。即日娇妹书复百穀长兄侍史。白溪兄乞为致意。

玉诺帖

朝托缦溪兄来复，恳鼎力而玉诺无辞，此心感激，何可言喻。但千钧之担，皆赖于君，小有不妥，则命不可保，望君终始周旋，迫切之至！欲语复塞，诸惟心照，不尽。百穀二哥亲目。即日马月娇端肃具。

握手论心帖

昨与足下握手论心，至于梦寐中聚感且不能连袂倾倒，托诸肝膈而已。连日伏枕，惟君是念，想能心亮也。贱恙已渐愈矣，望再缓三二日，当与足下尽控鄙衷也。力疾草草复。宴罢千万降步一面，颙望颙望。心绪如织，不及细陈，惟心照。二哥学士知己。娇妹力疾拜。

文驾帖

文驾此来，满拟倾倒心事，以酬千金之意。不意命蹇多乖，遂致大病，伏枕惟泪沾沾下也。闻明日必欲渡江，妹亦闻之心碎，又未知会晤于何日也。具言及此，悲怆万状，倘果不遗，再望停舆数日，则鄙衷亦能尽其万一也。病中草草，不尽欲言，惟心亮。今日千万过我一面，庶不负虚待。专俟专俟。二兄至契亲目。病妹玄儿伏枕具上。

外青帨一方、鸳鸯袋一枚、香袋一枚、牙杖一对、粗扇一柄奉用。又月下白绫一端奉令政夫人。

出处：《历史文献》（第十二辑）

《马湘兰致王百谷手札卷》

上海古籍出版社，2008年

浣花

［柳如是］

一

　　陈寅恪先生的《柳如是别传》曾绝版数年，少量存书在书市上的价格令人咋舌。晚年，与夫人僻居厦门的陈寅恪，身处人生最低谷的凄凉境况。因文化大革命的缘故，往来门生皆避之不及。生怕再与之有半点瓜葛。只求自保。

　　是在这样一种孤凉的境遇之下，陈寅恪先生依然在南方小岛鼓浪屿完成了他晚年最具影响力的这一部作品——《柳如是别传》。

　　昔日，曾为先生当年的助手黄萱小姐作文一篇，而今写的又是柳如是。对先生，倒是未尽点墨。当真，是辜负了对先生的一片敬慕之心。但想着，好事多磨，待自己学识精进一些的时候，再提笔为先生撰文，也可避免笔力不逮之拙。

　　先生写柳如是源自一颗红豆。

"昔岁旅居昆明，偶购得常熟白茆港钱氏故园中红豆一粒，因有笺释钱柳因缘诗之意，迄今二十年，始克属草。适发旧箧，此豆尚存，遂赋一诗咏之，并以略见笺释之旨趣及所论之范围云尔。

东山葱岭意悠悠，谁访甘陵第一流。
送客筵前花中酒，迎春湖上柳同舟。
纵回杨爱千金笑，终剩归庄万古愁。
灰劫昆明红豆在，相思廿载待今酬。"

今次我写柳如是，只因那一句：

此去柳花如梦里，向来烟月是愁端。

柳如是那一首《春日我闻室》写得是花软月细，美与哀愁交织共生。我向来也不是一个太深刻的人，写书作文往往都是意气用事，全凭内心一点莫可名状的热爱。譬如这一句诗，就让人隐隐按捺不住为她写一笔的冲动。

昔年，印象中柳如是应当是个才情、容色双双出众的女子，想着大概是属于那一种优雅沉静如马湘兰一般的人。但其实，不是。她很有脾气。一辈子都过得很不顺遂。所谓"一生负气成今日"用来形容柳如是的一生一世，大概也是贴切的。

二

有一种女子，最珍贵。

她有靓丽皮囊，才情殊胜，但平生所求却不是只做一名婉娈淑女，嫁与良人，过安稳一世。哪怕出身寒微，又坠入贱籍，依然有不灭的人生理想。竭尽所能，以梦为马。誓要在涛浪之间过最是漂亮的一生。她最懂梦想的重量。

柳如是如斯。

柳如是的幼年生活舛错凄凉。明万历四十六年，即公元1618年出生于浙江嘉兴。江浙女子多婉秀水灵，柳如是又是美人中的美人。若生在贫寒人家，那么长得漂亮，并不是福气。养不活就要被卖掉，漂亮一些能卖上一个好价钱的去处，多半都是烟艳冶荡之地。

崇祯四年间。因被卖之时年岁尚小，柳如是便只能跟在人贩身边。当时，柳如是跟随的是盛泽名妓徐佛。徐佛虽在花名之下做人贩生意，但待柳如是尚好。柳如是，本姓杨，名爱。小字云娟。陈寅恪说，因"（云娟）此二字乃江浙民间所常用之名，而不能登于大雅之堂者"，所以，徐佛后来帮她改名"朝云"。

几年之后，柳如是出落得颇有姿色。黑发覆额，皓齿明眸，身段婀娜又不显骄矜，遂被吴江故相周道登的母亲周太夫人相中，买去。在周府，太夫人对她是怜爱有佳，处处都带着她。

时日长久，周道登自然不能不注意到母亲身旁的小美女子。对柳如是有了想法。之于柳如是而言，周道登的年纪实在大了些，生身父亲的年岁亦不止。只是，自小无依的柳如是也是见惯了世人冷眼，身是女子已是不易，出身又不好，想谋得一段好生活，实在不易。

因此，柳如是也便顺遂了周老爷的心思，终是给他当了妾室。原本，柳如是也不是心机太深的女子。只是，世道艰辛，日子难捱，总是要被逼练出一身的本事，才能活下去，活得好。她比马湘兰懂得如何在夹缝中生存。她不怕委曲求全。

周道登是柳如是生命里的第一个男人。

天启七年（公元 1627 年），陕北农民起义造反，身是当朝宰相的周道登以礼部尚书的身份奉诏入阁。崇祯二年（公元 1629 年），周道登见大势已去，以养病为借口，辞官归故里。平日里，也便只是读书自娱，消度光阴。

他之于柳如是而言，似教书先生，似父亲，独不像夫君。平日里，周道登极爱做的事情，便是教柳如是读书作文，吟风弄月。倒也是浪漫得很。甚至，为她重取"影怜"一名。只是妻妾成群的生活里，独宠爱妾总不是一件好事。起码，对柳如是而言，是一件坏透了的事情。

好处是，因着他的缘故，柳如是学问精进，诗词俱佳。也因此愈发令周道登觉得此女不同一般，爱宠更甚。终于，有一日，柳如是陷入了妻妾群妒的境况。女子之妒，最是骇人。发展到极处，会变得手段残忍，用尽一切心机害人。极是冷酷、极是无情。

崇祯五年，周老爷去世。不久，青春正盛的柳如是因一桩与家丁有染的莫须有罪名被逐出周家大门。孤自又陷入一种天地苍茫、四下无依的凄惨境地。大约也是因了这样的事情，柳如是的心，日渐隐隐变得小心、警惕、坚硬，心思也愈加缜密。

离开周家之后，柳如是重回故地，无依之下，唯能投靠当年曾养教自己数年的徐佛，回到盛泽那家名为归家院的妓馆。只是这样一来，走投无路的柳如是，终只能在烟花柳巷卖笑为生。昔日的相府下堂妾，到底还是沦落风尘。旧日女子，没有太多的谋生渠道，所求不过是嫁一良人，安度一生。

除此之外，能做的事情，几近于无。

后来，柳如是弃抛曾经，改名"柳隐"（一说"隐雯"），又称"河东君""蘼芜君"，在盛泽一地，高张艳帜，以此为生。至于，何时更名"柳如是"，依照陈寅恪的说法是："时间至早亦当在崇祯十四年，或在适牧斋（钱谦益）以后。盖河东君既已结褵，自不宜仍以'柳隐'即隐于章台柳之意为名也"。

柳如是坠落风尘，是她人生至痛。

亦是其心性折变之始。

三

柳如是身在青楼。

如同蔷薇。
开在十字路口。

人群熙攘，众男子路过，皆是赞之爱之，但这路口又实在不太安全，因此，鲜有人愿意俯身采摘。所谓"花开堪折直须折，莫待无花空折枝"的道理并不是每个人都懂得。好在运命无可预料，或许终有甘愿为之俯身的男子出现。

自周府出来，坠落风尘，柳如是的心思、眼界自然已不似从前朴素、纯简。旧时代，生身为人，犹是女子，更要懂得辩人心、知人情，谨言、慎行，知行而有谋略，方能安度一生。此生，既注定要在男人的背后成其完满，那么，男人之于柳如是，也便如同砝码，她定是会拣选其中最有担当跟重量的。

能写下的男子其实不多。
也只有那么几个。

宋辕文。

柳如是天生资质雅丽，才情方面，更是群芳所不能相媲。在那秦淮河边的欢场里，声名鹊起是迟早的事。也的确没过多久，她便才艳名噪金陵一带。裙下之臣数不胜数。

盛泽虽不过只是区区一隅之地，却是吴江最好的丝织品制造交易地。亦当真是好繁华的声色之地。秦楼楚馆、艳舞笙歌，其时其地之风流热闹大可与金陵相比。柳如是，在妓馆的窗里，想看到的自然不止这一点世间华丽。她想见的，是苍白月色之下，有人立在远方的某株梧桐树下，等待她。

曾有武夫徐姓公子来寻芳，但徐公子终归底子不够。且不论诗书，柳如是一眼看过去，便知此人庸常，品格不高。不想，徐公子无知，初见柳如是，忍不住爱赞几句。不开口也罢，一开口更是令柳如是兴致全失。搜肠刮肚也只能讲出"一笑倾城"和"再笑倾国"的话。如此，柳如是更是确定此人粗疏。

瞬时，便拉下脸跑去跟徐妈妈闹起了脾气。无奈徐公子已花足了银子，就是冲柳如是而来。若不给个交代，实在是令徐妈妈也为难了。柳如是机巧，拾起剪刀便绞下一缕发，假装好郑重地交与徐公子。自古就有女人断发如断头的说法。三千青丝最珍贵。

如此一想，徐公子也便释怀了。

直到宋辕文出现。崇祯五年（公元 1632 年），岁末。柳如是前往松江，赴明代著名文学家、书画家陈继儒七十五岁寿诞。寿宴之上，她与松江才子陈子龙、宋辕文、李存我、李雯、宋徵璧等人相识。席间，众名士皆对柳如是的美貌和才华，甚是敬羡。

当中，宋辕文与柳如是年岁相仿，俊好风流，又不似纨绔子弟那般胸无点墨，偏偏能"折节读书"。当真是，好一副翩翩浊世佳公子的模样，令人侧目。柳如是不能不特别注意到他。他出现的日子，正是柳如是心灰如死的时候。

昔日，她曾伴随年长自己半生的人，度过了短暂时年。与周道登温存交好的时光，虽是烟云转眼，但到底免去了她四下流离，免去了她无枝可依。只是，枕边人若是换作少年郎，终归是更佳妙的一桩事。此人若是眼下的宋公子，也是不差的。柳如是想。

宋公子久闻柳如是美名，对她是情痴甚深。初次来访，柳如是已动了念想，身是女子，总要迂回一番。她便对宋公子讲，次日再来，去白龙潭舟中相会。宋公子一听，内心乍喜。一夜无眠，清早便赶赴约定的湖边。

见柳如是的船停靠在岸，宋公子赶忙前去。不料，柳如是告知他自己尚未梳洗打扮，又派人传话说，若是公子有心，且不忙上船，不如跳进水中静候。时值严冬，湖水寒凉蚀骨。宋公子一听，知柳小姐试探自己心意，二话不说，纵身跃入冰凉水中。

柳如是见状，心里既欢喜又心疼。女子之言，多半口是心非。被伤害的，总是心爱的那一个。柳如是亦不例外。于是，她连忙命人将宋公子拉上船。两两相看，心潮如鼓，烈烈涌动。也不说话，柳如是便帮宋公子脱下湿透的外衣，相拥入怀。

此后，二人感情日炽。

后来，准婆媳的戏码又一次上演。因着女性群体弱势的根基性所在，在旧时代的男权社会里，女性本身似乎更加在意身份段位的层次与差异，因而更加热衷恃强凌弱，彼此为难。宋公子与柳如是来往的事情传到宋母耳中，令宋母深觉门风受辱。

断不准二人交往。

不巧的是，不久之后松江知府颁布了驱逐妓者的命令。柳如是不得不择木而栖，嫁做人妇，避过此劫。因此，柳如是觉得时候到了，隐隐向宋公子表达了托付终身之意愿。宋公子孝顺，又实在爱极了目下这个不多得的美妙女子，便两头打着幌子，徘徊其中。

一日，柳如是命人前往宋府约见宋公子。良久，宋公子抵达。只见柳如是盛装打扮。头梳双飞燕鬓髻，身着窄袖背子和曳地长裙，足踏杏叶弓鞋。膝上一具古琴，与之摇曳相照。是妩媚夺目，熠熠生辉。彼一时，宋公子只觉今生与之相遇不枉此生。下一刻，听柳如是道明原委，顿然失色。

柳如是告知官府的命令，问宋公子今下自己何去何从。宋公子会意，却一时不知如何应答，念及家中母亲的意愿，唯能迟迟讲出一句：不如，出去避一避。真心错付之痛，当下的柳如是是再懂不过了。世间欢爱，多是镜花水月。这个道理，她不是不懂。是世道艰难，要活下去，总要心住一个不灭的希望。

野史说，知府正是受了宋母的贿赂，方才下了这一条命令，要将所谓"流妓"柳如是驱逐出城，其实针对的就是柳如是一人。

宋辕文前畏知府，后慑家母，在柳如是最需要他的关键时刻，畏缩不能作为，令柳如是至为失望。

柳如是性子甚烈，见状，一句"相绝"，后举刀砍琴，七弦俱断。心碎收场。可怜杨柳伤心树，可怜桃李断肠花。世间苦乐，如人饮水，冷暖自知。柳如是从不强求，也不愿妥协，哪怕只是旁人的风尘知己，也要当一世扬眉女子。

只是刚烈的心上，当真会不痛吗？

会痛的。并且很痛。

但一切顾影自怜都没有用。

柳如是要做的，只是：

他日，孤身赴秦淮，重头再来。

四

当年，柳如是常乘彩舫，自由往来于松江一带，弹琴、作画、赋诗、填词。往来宾客也多是文人雅士。宋辕文如是，陈子龙亦如是。其实，若此生柳如是甘愿就这样风尘水上，迟暮之年再向徐佛一般找一个憨实村夫嫁作人妇过完甘之如饴的后半生，倒也未尝不是一条出路。

但她不愿。

那年，知府要逐她出城，甚至派出松江衙门的公差逼迫柳如是的船起锚离开，断缆相逼。四下无依时，是陈子龙为之挺身。当年，也不知是年岁相差甚远的缘故还是因着其他，与宋辕文相识的时候，在场的陈子龙竟未能赢得柳如是的青睐。

陈子龙与柳如是相识也早。感情发生的时机，从来都是非常重要的。只是，偏逢有些人之间的相遇、相知、相爱，总是要来得仿佛是好事多磨又或是不情愿似的晚了又晚。

那日，许是孤逢骤雨，又见寂寞梧桐，昔日欢喜如梦幻泡影，消散殆尽。恰逢官差来逐，身世之痛必定一并来袭，柳如是心之伤重可以想见。如细密针刑，一一扎进柳如是的肉身和心，孤凉又绝望。之于柳如是而言，男人，要么出现在最好的时年，要么出现在最孤绝无依的时候。

柳如是有城府，但这也是她活下去的依托。那时候，再看陈子龙，柳如是必定是要看出更多的意蕴来。是这样一个玉树临风又有担当的男子，且学富五车、刚烈如日。怎得，昔日就不曾把心挪一挪，把眼擦一擦，看得宽阔一些，深切一些呢？险些，她和他就错过了。

既见君子，云胡不喜。

后来，他便常来看她。有时，一起饮酒作诗。有时，便只是并肩坐下，看窗外的天和地，日和月，小桥和流水。大概，有那么一刻，柳如是会想，就这样和这个叫作陈子龙的男子，一直坐下去，坐到天荒地老，坐到山无棱天地合。

坐到不知今夕何夕。

陈子龙，年长柳如是十岁，生于公元 1608 年，字卧子，一字懋中，号轶符，又号大樽。陈子龙有妻张氏。张氏不是寻常女子，也是颇有内蕴的才女。通史书，为人耿直贤惠，又有好口碑。在陈家，将上下老小打点得皆是恰到好处，得人敬重。

柳如是与陈子龙来往时日长久之后，二人皆有了定终身的意愿。世间男子多情，虽旧时代女性弱势，才子风流也是常事，但纳妓为妾依然是有悖社会风气的。为人正统的张氏得知此事，甚是不满。陈子龙待张氏也是相敬如宾，因顾虑张氏，也不得不将此事略微搁置。

二人想着，陈子龙唯有上京赶考，若功成名就，兴许张氏对柳如是一事也会不似今日介怀。崇祯六年，深秋，陈子龙告别柳如是，赶赴京城。见他渐行渐远，柳如是心上难忍，惆怅又感伤。总想着，何以，她的情路要颠簸至如此地步。

念子久无际，兼时离思侵。
不自识愁量，何期得澹心？
要语临歧发，行波托体沉。
从今互为意，结想自然深。

柳如是的一首《送别》诗诉尽内心不舍之依依，令人感动。总有一些人，与之相爱到喜成眷属，要走过一段艰辛又漫长的路。每一次的泪别，都仿佛是今生永不能再见。每一次的重聚，又仿佛是随时都要将彼此失去。碧云天，黄叶地，西风紧，北雁南飞，晓来谁解霜林醉，总是离人泪。

次年春日，陈子龙从京城黯然归来。心有担当却是力不从心。仕途的事情终究不只是才情与智慧的事，它是一个需要深谋远虑的游戏。陈子龙不谙此道，势必是要折翼的。今日归来，以何面对柳如是，昔日承诺将如何兑现。陈子龙不知。

倒是柳如是心意宽宏。心知陈子龙的难处，也不催、不逼、不问，孤自一个人前往嘉定，冶游一段时日。从暖春，到盛夏，又到冷秋。柳如是在嘉定，也不过只是与旧日老友喝喝酒，谈谈心，舞文弄墨消度时日。

世上最艰难的事情是，等待。

崇祯八年，春。陈子龙终于决定与柳如是住在一起。有张氏主内，柳如是想嫁入陈家，怕是此生无望。从朋友处借来一处寓所，与柳如是僻居其中。彼时的柳如是不似后来，心有一团烈烈火焰会灼人伤神，尚存一丝爱情希望。

生性豪烈的柳如是能为一名男子自甘卑微，无名无分地陋居在外，我相信，她此生，是真的热烈地爱过这个人。至于，昔日的周道登、宋辕文，以及后来的钱谦益，当中有几分爱、几分真、几分务实求生，实在有待商榷。

但说到陈子龙，我很愿意相信。他们彼此真心相爱过。后来，两人到底是断了、散了、走失了。都说是陈子龙的正妻张氏对柳如是万般不如意，棒打鸳鸯散。可是，那对鸳鸯本不应该是陈子龙和张氏吗？并不以为张氏为人跋扈。

张氏自己不曾为陈家生下儿子，为了绵延陈家子嗣，她后来也曾很有气度地为陈子龙筹谋娶回了沈姓女子为妾。从我不宽阔的眼界看过去，在柳如是与陈子龙的这段情始情终里，张氏是个正面的女子。钦佩柳如是的铿锵一世，亦不愿因此去胡乱写张氏一个"不"字。

电影《万箭穿心》里的女二号万小景因丈夫偷情与之大打出手，事后她与颜丙燕饰演的宝莉说，他竟然为了一个"婊子"打我。"婊子"这样的语词怕是并不少见。身份，这桩事情，从来都是枷锁。没有张氏阻挠，也会有旁人。柳如是再是出众，也到底还是会为其身份所累。

生，尚且不易，何况是爱情呢。

有人替柳如是和陈子龙惋惜，遗憾。可是，王家卫的《一代宗师》里，章子怡说："叶先生。武艺再高，高不过天。资质再厚，厚不过地。人生无常，没有什么可惜的。"

> 人去也，
> 人去梦偏多。
> 忆昔见时多不语，
> 而今偷悔更生疏。
> 梦里自欢娱。

是，"烟消云散的事，我们见得还少吗？"

五

> 上山采蘼芜。
> 下山逢故夫。

后来，柳如是自称"蘼芜君"。名字的背后，是一阵沧桑和孤凉。那时候，她也不过只有十八九岁，正是美人如花岁月如诗的时候，可她却已然有了一颗如此苍老又如此惆怅的心。

与陈子龙的感情结束之后，柳如是二度前往嘉定旅行。一个人流浪，不必去远方。前一次去，是为了等。今次再来，只为徘徊，散一散心，忘一忘曾经。嘉定是个好地方，水轻慢，又细长。如同岁月，从青春年少流到身心破碎。

在嘉定，柳如是有一群故交知己。都是沧桑暮年的老诗人。与柳如是也都是君子之交，虽然在陈寅恪先生看来，当中依然不乏有以孤老的"寒酸之气"赋"艳诗"聊以自慰的人在。譬如，与钱谦益交好的老诗人，程嘉燧。到底是禁不住目下美人太婀娜。

柳如是此次的嘉定之旅，有一人不得不提。名曰：谢三宾。此人人品不佳，又十分好色，好在通书画，也算风雅。最要紧的是，他财大气粗，家底殷实。在嘉定，谢三宾倾囊款待了柳如是。遂，柳如是与谢三宾相识。

后来，谢三宾起意，欲以柳如是为妻。

可惜，谢三宾在外声名不佳，与之相识一场，柳如是对其人品亦是颇有微词。并且，虽说女子生而愿有家，且柳如是为身份所累，感情之事并不顺利，但便如此，也不表示她一定要潦草一世。对待生活，柳如是从来都是一个十分较真又充满热情的人。

她不能将人生毁在他手里。

在柳如是拒绝了谢三宾之后，此人竟似泼皮耍起无赖。再三威逼柳如是。谢三宾错了，错不在于他的粗俗和鲁莽，错在他低估了柳如是的倔强。本也只想做一名婉娈淑女，如此一来，更是令柳如是对其厌恶剧增，愈加难消。

可是，谢三宾有钱有势，与之胶着对抗，一日两日倒也罢了，长此以往，柳如是怕最终也会力不从心。如此情形之下，她必得急迫寻到一名男子，无论钱财、地位还是势力，都要能将之压制住的人。嫁之，以安之。

当然，这一些人事在柳如是并不漫长的人生里，实在也不过只是烈焰池中一点绿。是些不足挂齿的小小插曲。顶多，是可以偶尔拿出来，说一说的谈资罢了。聊一聊，也就过去了。柳如是的一生，始终被她牢牢握在手里。真正的美人，应熬得过岁月，哪怕历尽人世沧桑，也会依旧淡定从容。

许是初生牛犊年岁便已与故相老叟相伴的缘故，柳如是对年岁大的男子也生生多出一份爱顾来。与嘉定若干诗友老者的来往，也是佐证之一。陈子龙是柳如是心中良人，但也要年长她十岁。谢三宾一事最大的意义，就是促使柳如是急切地，嫁了。

嫁的是，出现得恰到好处的

——

钱谦益。

六

钱谦益。

字受之，号牧斋，晚号蒙叟、东涧老人。生于公元 1582 年，年长柳如是近四十岁。常熟人。他是清初诗坛的盟主之一。在文坛的地位举足轻重。《明史》当中甚至评价他道，他的诗一度被视为北宋诗坛的规范之作，开创了明清一代诗风。当时，各家诗人皆以他为宗，"天下靡然从风，一归于正"。

除此之外，钱谦益的史学造诣也是颇高。早年曾撰《太祖实录辩证》五卷。写得一手好文章，黄梨渊《忠旧录》称他为王世贞之后文坛最负盛名之人。对他赞誉甚高。说他学富五车亦不为过。

对钱谦益和柳如是的生活至关重要的则是钱谦益的收藏。钱谦益不惜高价广肆购求各种古本、孤本，还为自己的收藏品筑建了一栋楼，以柳如是的初名命名，"绛云楼"。

二十八岁那年，钱谦益得中进士。但仕途蹭蹬。十年之后初次入官，但不久就遭弹劾被罢官。天启七年，与周道登同时奉召入职，却很不得意。终了也是辞官南归。也因此，为官之愿之于钱谦益如同中毒一般，影响至深。仿佛不能位居要职并有所作为，此生此世数十年光阴皆无意义。

直到遇见，柳如是。

崇祯十一年，冬。钱谦益被罢官免职，迫返原籍，即江苏常熟。当时，他已是五十七岁的人了。遭此变故，自然是内心久久不能平静。少年不知愁，但钱谦益一定深谙忧愁滋味。心境黯然又悲凉，孤身一路南下，逶迤南归。

那日，他途经杭州，泛舟西湖闲游。虽已是知天命的年纪，又落魄南归，但这也不能妨碍他一颗狎弄风雅之心。倦时，便在杭州名妓王微（自称"草衣道人"）的住处落脚。当时，柳如是时常客居杭州，与王微也来往甚密。一来二去便难免要与钱谦益扯上联系。

钱谦益识得柳如是，是先见诗文后见人。柳如是遗留在王微住处的一纸诗笺被钱谦益看见。几行娟秀的小字，一首令他此生不能忘的诗。诗曰：

> 垂杨小宛绣帘东，
> 莺花残枝蝶趁风。
> 最是西泠寒食路，
> 桃花得气美人中。

好一句"桃花得气美人中"，看得钱谦益不知今夕何夕。是忍不住要击节赞赏。王微看在眼中，心领神会。见状，凑上前去，对钱谦益说，不如改日叫柳如是来此一聚。钱谦益一听，喜形于色，连连说好。西湖，当真是个易于爱情发生的地方。

数百年前，已是如此。

次日，三人同游西湖。左右皆有美人在侧，目下又是西湖冶荡之美景。水绿，风轻，岁月安静。真是羡煞旁人。钱谦益心情大好，忍不住连吟十六首绝句，爱赞二美人。当中有一首是这样写的：

> 草衣家住断桥东，
> 好句清如断桥风。
> 近日西泠夸柳隐，
> 桃花得气美人中。

只可惜，西湖一别，便是经年未见。

崇祯十三年，冬。柳如是亲访半野堂。着一身男子装，飒爽磊落不让须眉。钱谦益被贬归乡之后，门可罗雀，鲜有人来。倒是真的寂寞。柳如是的突然来访实在是令钱谦益喜出望外。奇趣的是，起先见柳如是一身男装，竟半晌不曾认出来。只觉，其人眉宇之间的秀气似曾相识。

后来，柳如是念了一句"桃花得气美人中"，钱谦益方才猛然领悟。目下这人，不正是当日共游西湖的柳如是吗。猜想着，柳如是至临半野堂，大概不单单是只慕钱谦益的学问特地拜访来的。谢三宾一事，令柳如是如坐针毡，既有此机缘能与大学问家钱谦益相识，终归不是一件坏事。

几番相处下来，柳如是对这半老的男子，越发多出一份情愫来。同是天涯沦落人。她生身微贱，他半老还家，都不是生活如意的人。两相看顾几回，也总要凭生出一些心心相惜的意思。

钱谦益之于柳如是，不同于旁人，没有陈子龙那一般的爱浓情热，亦不似昔日的周道登、宋辕文，对她青眼有加，亦不过只是痴心她的身体发肤罢了。她跟钱谦益的初见，是真正的风轻云淡、缓缓而来。读诗，赏景，不谈情。

是在一切都足够的时候，顺理成章地结成连理。无论是彼此之心性相契，亦或是周旋现实劳顿而退的心心相惜。一句话，他们是在最恰当的时间，遇到了最恰当的彼此。

崇祯十四年，夏。钱夫人尚在，钱谦益依然执迷以"匹嫡之礼"迎娶了柳如是。这对钱夫人来讲，当然是一种羞辱。对柳如是来说，却实在是此生最扬眉吐气的一件事了。二人大婚一事，在当时也是掀起一阵风波，文人士子们皆对此事饱含质疑。

大婚那日，柳如是头簪鲜花，着合领对襟大袖礼服和月华裙，淡淡妆容，美而不能言。钱谦益一艘华丽彩船，将柳如是从妓馆迎至家中。哪有女子爱风尘，能跟柳如是一样真正被明媒正娶的人，又有几个？河岸两侧，众人怒目，千夫所指，皆不能阻挡她从此进身做良人。

这一年。

柳如是二十三岁。

七

钱谦益曾给柳如是写过四首合欢诗：

其一

鸳湖画舫思悠悠，谷水香车浣别愁。
旧事碑应衔阁口，新欢镜欲上刀头。
此时七夕移弦望，他日双星笑女牛。
傍栿歌阑仍秉烛，始知今日是同舟。

其二

五茸媒雏即鸳鸯，桦烛金炉一水香。

自有青天如碧海，更教银汉作红墙。

当风弱柳临妆镜，罨水新荷照画堂。

从此双栖惟海燕，再无消息报王昌。

其三

忘忧别馆是侬家，乌榜牙樯路不赊。

柳色浓于九华殿，莺声娇傍七香车。

朱颜的的明朝日，锦障重重暗晚霞。

十丈芙蓉俱并蒂，为君开作合昏花。

其四

朱鸟光连河汉深，鹊桥先为架秋阴。

银缸照壁还双影，绛蜡交花总一心。

地久天长频致语，莺歌凤舞并知音。

人间若问章台事，钿合分明抵万金。

写得实在是甜腻。新婚燕尔，你情我浓是常理。只是，这一对饱受争议的老夫少妻丝毫不惧外界压力，甚有变本加厉的嫌疑。仿佛要让全世界知道，再艰深的世道，也阻挡不了他们夫妻琴瑟和谐，甚而白头到老。

但岁月的力气总是那么大，生要把爱蹉跎成伤害。可是爱的力气也不小，什么样的苦难，都能背起来一起，带它们离开。婚后的生活，欢愉是有的，幸福感也是不缺少的，但终究不是独立于人世的。太多的事情与他们拉扯同行。

崇祯十六年，钱谦益在半野堂后造了一座藏书楼。取名"绛云楼"。柳如是早年名中有"云"，钱谦益是爱她心切，连自己最珍视的藏书楼也要以柳如是的名字拟定。在绛云楼上，他们也曾有一段"赌书泼茶"的好时光。

只是，世道太坏了。

崇祯十七年，农民军攻占北京城，崇祯皇帝自缢景山。五月，崇祯的从兄福王朱由崧在凤阳总督马士英等人的拥戴下，在南京建立了短暂的南明弘光政权。只有一年的光阴。但仕途不顺的钱谦益在这一年里，圆满了他此生迟迟不就的仕官梦想。

钱谦益在南明谋得了礼部尚书的职位。

陈旧人物，若无法像陈寅恪先生一般抽丝剥茧一点一点探幽，切勿妄论。学识浅薄如我，所能写的，只能是一点旧日痕迹。钱谦益的这个职位来之不易。有人说，他甚至利用了夫人柳如是的艳名，以东林领袖的身份，反替东林党人一直所不齿的阮大铖讼冤翻案。请阮大铖吃饭，甚至要柳如是陪席。

听上去令人咋舌。不过，事实细节之一二今人难寻。柳如是又是个烈气的女子，丈夫让她陪席，她虽是应承了，但这心里，怕是久久不能平。平生所愿，便是脱离贱籍，做一世铿锵女子。以为遇得良人，竟不想今时今日嫁作人妇的自己，依然要为了丈夫的前途做卖弄色相的事。

可是，前途这个东西，应该怎样讨论呢。

它不应该是年轻人的事情吗？

总有一些人，至死不能平，动辄便觉自己理应是那个拨弄乾坤于股掌的人。钱谦益如是。怀才不遇的人与事，实在太多。钱谦益也并非绝对是最被运命为难的那一个。他是不甘心。不甘心，这三个字最是恼人。它是好容易就毁了一辈子的。

但是，另一方面，柳如是半生微贱，所想要的，便是一跃龙门，做以之为崇高的事情，洗刷过去的屈辱。而这显然也不是一件容易的事情。能够升当尚书夫人，对柳如是来说，难道是毫无诱惑的吗？若柳如是坚持，钱谦益大抵也是无法勉强她与阮大铖同系的。

柳如是的拥趸自然是不能同意我的说法。"崇拜"这件事，也是一个深邃的话题。有时会变得滑稽。昔日，我写张国荣，写我体会到的某一种孤独。部分荣迷便不同意了。他们告诉我，孤独这样消极的词语断不能用在张国荣的身上。我一时瞠目，无言以对。

孤独感，是人天性当中与生俱来的。张国荣的孤独，我们看不到。正因如此，我们才更应与往事交流，试图去体会故人的爱与痛，不是吗？无论是张国荣，还是柳如是，根本上来讲，依然是凡世常人。他们的爱欲生死，一样地充满人间烟火。

只是，离得远，也就朦胧了。

柳如是对大明朝有一种不能言说的忠诚。那是一个"忠孝节义"被变态风行的时年。彼时，朝代更迭，汉人天下一夕易主，反清复明的星星之火，从未熄灭。钱谦益入南明朝廷为礼部尚书，之于柳如是而言，深具意义。或许，柳如是也会这样想，自此，她也是正统的、主流的、上上的尚书夫人了。

前往南京赴任，钱柳二人满心壮志。柳如是更是一改红妆为戎装，好一副潇洒凛冽的气势。大有慷慨赴国难的英雄气度。当时，南明政权依然为马士英、阮大铖等人所掌控。钱谦益想要力挽狂澜、光复大明的意愿，也终究只能是一个念想。

柳如是周旋仕宦之间，替钱谦益打点仕途。无奈国势颓丧已成定局，决然不是柳如是凭一己之力能够有所撼动的。她不是陈圆圆，所遇之男子钱谦益也不是手握重兵的吴三桂。

弘光二年，清军兵临南京城下。一时间，护卫金陵城的二三十万官军作鸟兽散。柳如是与钱谦益面临人生当中一个至关重要的选择。是去，还是留。是死，还是生。弃城而逃的事，是遽然不能做的。那日，二人约定，以身殉国。

是年，夏，某夜。二人由金陵荡舟入西湖。风月尚好，映照的却是一座生灵涂炭的城。柳如是心下悲怆，是一个小女子用尽了气力想要将微贱的一生变得有所附丽，却到底是不能得。国已不成国，更妄论她与钱谦益在金陵城的家了。

一壶酒尽。柳如是拉起钱谦益的手，她想，是时候了。正欲与丈夫投湖自尽，却被钱谦益一把拉住。钱谦益是酒意急退，刹那惊醒。生尚且不易，何况是死。只是，钱谦益的托辞实在不够磊落，说那湖水太寒，还是不要这样。

听上去怯懦无能，不如女子。

可是，死亡这件事，说起来总是容易。想做到，何其难。世间能有几人当真是对死亡不惧不怕的。有人一咬牙、一狠心，做成了。倘若做不成，重新来过，想要再去执行"死"这件事，大抵都是再无勇气了。

或许，柳如是与以"忠义责人""节操自命"的东林党人来往密切，昔日挚爱陈子龙又因反清起事身陷囹圄，被押解至南京途中，投水自尽。长此以往，柳如是也变得棱角分明，甚是激烈。

加之，殉国未遂，钱谦益又迎降大清，种种变节之行径，令柳如是与他，虽是朝夕相对，但仍旧离得越来越远。钱谦益最大的问题在于不知足。降清之后的他，依然幻想暮年能在仕途之上有所作为，却到底只是得到了一个礼部侍郎的闲职。

钱谦益北上赴任，柳如是拒绝伴行。

顺治三年，六十四岁的钱谦益终于幡然醒悟。告病辞官，回归故里。与柳如是过了一段相敬如宾的温柔时光。返乡之后的钱谦益，不问政事，东山养望，并与柳如是生下一女。但现实是，你要避世时，世事却要来寻你。

八

次年冬日。

钱谦益与反清人士黄毓琪扯上瓜葛。黄毓琪来访，告之欲起义，需钱柳夫妇给予经济资助。钱谦益也应允下来。一则是因黄毓琪乃钱谦益旧日老友，二则是因柳如是依然激烈如初，面对黄毓琪前来求助，丝毫不犹疑，劝钱谦益势必要助他一臂之力。

告别钱谦益之后，黄毓琪来到浙江舟山筹谋起义。却不想，事情败露，出师未捷身先死。钱谦益也被牵连入狱。对待钱谦益，柳如是虽爱不似从前，但始终知道自己的身份，是钱家的夫人。钱谦益入狱之后，柳如是不惜劳苦，日日奔波打点。

陈寅恪《柳如是别传》当中写道，"有学集壹秋槐诗集'和东坡西台诗韵六首'序云：'丁亥三月晦日晨兴礼佛，忽被急征。银铛拖曳，命在漏刻。河东夫人沉疴卧蓐，蹶然而起，冒死从行，誓上书代死，否则从死，慷慨首途，无刺刺可怜之语。'"

据说，在钱谦益北上做官的时候，柳如是在家与人通奸。事后，有人将此事报官。从衙门归家之后，柳如是怒骂此人，说，大丈夫尚且不能保全节操，你却拿不能守身一事来责备一女子？言词里外，所怨怒的便是钱谦益变节一事。

四十日后，钱谦益被释放归家。

后来，钱柳夫妇还曾与郑成功和南明永历朝廷联络，图谋复明。但早已不能成事。晚年，钱谦益写了这样一首诗：

东虏游魂三十年，老夫双鬓更皤然。
追思赏酒论兵日，恰是凉风细雨前。
埋没英雄芳草地，耗磨岁序夕阳天。
洞房清夜秋灯里，共简庄周说剑篇。

陈寅恪评说此诗曰：

"当牧斋天启元年秋主试浙江作此谈兵诸篇时，其凉风细雨之景物，亦与崇祯十四年秋夕在燕誉堂共河东君话及旧事并简旧文时相似也。牧斋于此年三月闻阳羡再召之讯，已知不易再起东山。畴昔之雄心壮志，无复表现之机会，唯有独对闺阁中之梁红玉，发抒其感愤之意耳。然则此诗虽以'东虏游魂'为言，实是悲叹个人身世之作也。"

此生，他也就只能这样了。

十年之后。

公元 1664 年，钱谦益离世。

终年，八十三岁。

他一生过得都不顺遂。

做过最好的事情，是娶回了柳如是。

九

钱谦益走后，柳如是晚景凄凉。

本来殷实的家产也在钱谦益生前入狱之后，因营救钱谦益
一事，被悉数散尽。柳如是嫁入钱家之后，虽钱家的大夫人健
在，但因钱谦益宠溺柳如是，家族里的经济大权一直掌握在柳
如是的手中。见钱老爷去世，族人纷纷踏门而至，攘夺家产。

这便是古书中所言的"钱氏家难"。

其实，嫁与不嫁，真的没有那么重要。从良与否也未必真的
最要紧。但是，柳如是，她生来便有一口气，断不能见自己日堕
一层，残损一生。人只有一辈子，没有所谓的来生来世。每一步，
她都要走得铿锵有力。去往思想独立、意志自由的路上。

不能以色事人，随男人摆弄。

可是，到此时，大半生也已过去。与钱谦益历经的风风雨
雨，日渐寂静在旧时光里。大清国也一日一日昌盛起来，凡女
如斯，能做的事情，实在已经不多了。其实，本也可以安稳度

日，过完静好的下半辈子。只是，依然困阻不绝。

钱家的族人总以为钱谦益留下不少钱财可以搜刮。囊中几许，唯有柳如是知。她自然也不愿意，丢下脸面，将陈年往事一一讲与旁人听。更何况，已然骄傲了近一世。纵是终了，她也要顾全自己和钱谦益的颜面。她此生此世，能够走到今日，凭借的，不就是那一口必争的气吗？

依依不饶的钱氏族人，倒也未必真就在乎钱家那一点家财，多半是出于对大夫人多年屈居人下的怜悯。分明就是不让柳如是好过。但柳如是不是闲人。而今，这世上，也无甚值得她牵念、挂虑的了。应付这些族人，柳如是的智慧绰绰有余。

或许，她只是真的有些累了。

因此想着，宁为玉碎不为瓦全。不能决定生，但能决定死。轻生的意念一旦生发，便如同顽疾一般，是久久也不能烟消云散。甚而，她会想，当年与丈夫泛舟西湖，欲投水自尽的时候，这一生便就该结束的。不洁的精神，一如失贞的肉身，苟延残喘于世，其实没有意义。她想。

于是，她决定，要用最后的一点力气，将钱家门风根治一回。那日，柳如是一身淡妆素服，端然静坐在堂前，与众族人对峙。她说，钱家的账簿都在她手里，既然各位执意要分刮财产，她区区一弱女子想必也是无力阻挠。便让众人稍歇片刻，待她去取。

看着眼下如狼似虎恨不能生吞了自己的钱家族人，柳如是心上是一阵凄寒一阵凉。这个世道，何以变成了而今这般炎凉的模样？这个人间，何以变成了而今这般潦倒的下场？谁人会知道，柳如是这一转身，便是玉碎。堂前众人眼巴巴在等。堂后柳如是一纸诉状递交了衙门。

上书："夫君新丧，族人群哄，争分家产，逼死主母"。事毕，她轻蔑一笑，抛弃了人世无常。悬梁自尽，结束了自己烈艳的一辈子。封建礼法当中，是不容因争分家产而逼死主母之行径的。因此，钱氏族人难逃干系。"府县闻柳夫人死，命捕诸恶少，则皆抱头逃窜不复出"。

连生之告别，她也做得如此用力。

离世之后，柳如是未能与钱谦益葬于一处，孤葬于虞山脚下。而钱谦益与发妻合葬于常熟附近的界河沿。若生，尚且未能同心同德，死后，柳如是又怎会介意能否葬在一起。后人这样评价柳如是，说她能以义断恩，以智决策，斡旋大事，视死如归，与烈丈夫无异。是个芳魂侠骨的烈女子。

一点不错。

是年，公元 1664 年。

柳如是四十六岁。

十

有的人，生得漂亮。
有的人，活得漂亮。

柳如是，兼而有之。

如女子浣花，涤尽了烟尘，留下了歌声。

附

/ 顾苓 / 《河东君小传》

河东君者，柳氏也。初名隐雯，继名是，字如是。为人短小，结束俏利，性机警，饶胆略。适云间孝廉为妾，孝廉能文章，工书法，教之作诗写字，婉媚绝伦。顾倜傥好奇，尤放诞。孝廉谢之去。游吴越间，格调高绝，词翰倾一时。

嘉兴朱治恬为虞山钱宗伯称其才，宗伯心艳之，未见也。崇祯庚辰冬，扁舟访宗伯。幅巾弓鞵，著男子服。口便给，神情洒落，有林下风。宗伯大喜，谓"天下风流佳丽，独王修微、杨宛叔与君鼎足而三，何可使许霞城、茅止生专国士名姝之目。"留连半野堂，文燕浃月。越舞吴歌，旋举递奏；《香奁》《玉台》，更唱迭和。既度岁，与为西湖之游。刻《东山酬和集》，集中称河东君云。君至湖上,遂别去。过期不至,宗伯使客构之乃出。定情之夕,在辛巳六月初七日。君年二十四矣。宗伯赋《前七夕诗》,要诸同人和之。为筑绛云楼于半野堂之后。房栊窈窕,绮疏青琐。旁龛金石文字,宋刻书数万卷。列三代秦汉尊彝环璧之属,晋唐宋元以来法书,官哥定州宣成之瓷,端溪灵璧大理之石,宣德之铜,果园厂之髹器,充牣其中。君于是乎俭梳靓妆,湘帘棐几,煮沉水,斗旗枪,写青山,临墨妙,考异订讹,间以调谑,略如李易安在赵德卿家故事。然颇能制御宗伯,宗伯甚宠惮之。

乙酉五月之变,君劝宗伯死,宗伯谢不能。君奋身欲沉池水中,持之不得入。其奋身池上也,长洲明经沈明抡馆宗伯寓中见之;而劝宗伯死,则宗伯以语兵科都给事中宝丰王之晋,之晋语余者也。是秋,宗伯北行,君留白下。宗伯寻谢病归。丁亥三月,捕宗伯亟。君挈一囊,从刀头剑铓中,牧围馈饷惟谨。事解,宗伯和苏子瞻《御史台寄妻》韵,赋诗以美之。至云"从行赴难有贤妻",时封夫人陈氏尚无恙也。宗伯选《列朝诗》,君为勘定《闺秀》一集。庚寅冬,绛云楼不戒于火,延及半野堂。向之图书玩好略尽矣。宗伯失职,眷怀故旧,山川间阻,君则"知子之来之,杂佩以赠之;知子之顺之,杂佩以问之",有《鸡鸣》之风焉。久之,不自得。生一女,既昏。癸卯秋,下发入道。宗伯赋诗云:"一剪金刀绣佛前,裹将红泪洒诸天。三条裁制莲花服，数亩诔锄穆秖田。朝日装铅眉正妩，高楼点黛额犹鲜。横陈嚼蜡君能晓，已过三冬枯木禅。""鹦鹉纱窗昼语长，又教双燕话雕梁。雨交沣浦何曾湿，风认巫山别有香。初著染衣身体涩，乍抛稠发顶门凉。萦烟飞絮三眠柳，飏尽春来未断肠。"明年五月二十四日，宗伯薨。族子钱曾等为君求金，要挟蜂起，于六月二十八日自经死。宗伯子曰孙爱及婿赵管为君讼冤，邑中士大夫谋为君治丧葬。宗伯门人顾苓曰："呜乎！今而后宗伯语王黄门之言，为信而有征也。"宗伯讳谦益，字受之，学者称牧斋先生，晚年自号东涧遗老。甲辰七月七日书于贞娘墓下。

出处：《明清性灵》，中华书局，2011 年

/ 佚名 / 《绛云楼俊遇》

钱谦益，字受之，号牧斋，晚而自号蒙叟，亦自称东涧老人。万历丙午举于乡，庚戌成进士，殿试第一甲第三人，入翰林，授编修，寻丁父忧，天启辛酉补原官，主试浙江，以失察钱千秋关节事，坐罚俸告病归。甲子起为谕德，进少詹事。时魏忠贤罗织东林诸人，谦益以东林党削籍旋里。崇祯改元，召为正詹事，转礼部侍郎。适会推阁员，廷臣列谦益名，而温体

仁、周延儒不得与，遂为两人所忌。温借浙关节事讦讼于上前，周从旁助之，复坐杖论赎，削籍竟废不用。家居九年，又为同邑奸民张汉儒讦奏，逮至京，事白得释。弘光僭号，晋阶宫保，兼礼部尚书。大兵定江南，谦益投诚，命以礼部侍郎，管内院学士事，寻以老病乞归。顺治四年，又以江阴黄毓祺事牵连，被逮下金陵狱。事白，释还。谦益诗古文词冠绝近代。入仕途，自词诗台阁文章，无出其右者。大拜乃意中事，而屡起屡踬，常怏怏于中年，遂不惜名节，晚年益放情于声色。柳姬如是，故娼也，性慧善诗，晨夕酬唱，倚以娱老。尝修《明史》，属稿未就，悉烬于火，乃归心佛乘以自遣云。所著有《初学集》《列朝诗集》《开国群雄事略》《楞严金刚心经蒙钞》。至康熙三年甲辰卒，年八十有三。

牧斋殿试后，小珰官报谓："状头已定钱公"，司礼诸监俱飞帖致贺。传胪前夕，所知投刺者，络绎户外。牧斋亦过信喜极。比晓榜发，则状头乃吴兴韩敬，盖敬通巨珰，藉其潜易也。钱恨甚，后韩以京察见黜，疑钱挤之，亦恨甚。牧斋与浙人水火，自夺状头始。

《吾炙集》《投笔集》皆牧斋晚年所撰，触忌讳，藏此书者多秘。《投笔集》为族子曾王（按：应为族孙遵王）注，《吾炙集》表曾王诗为首。曾王博学好古，注《初学》《有学》两集，牧斋深器之，谓能绍其绪云。

牧斋极经史淹贯之能，其读书法，每种各有副本，凡遇字句新奇者，即从副本抉取，粘于正本上格，以便寻览，供采撷。盖正本或宋元精刻，则不欲轻用丹黄也。

一门生具腶仪，走干仆，自远省奉缄于牧斋。内列古书中僻事数十条，垦师剖晰。牧翁逐条裁答，复出己见，详加论定。中有"惜惜盐"三字，尚待凝思。柳姬如是从旁笑曰："太史公腹中书乃告窘耶？是出古乐府，'惜惜盐'乃歌行体之一耳。'盐'宜读'行'，想俗音沿讹也。"牧翁亦笑曰："吾老健忘，若子之年，何藉起予？"

初，吴江盛泽镇有名妓曰徐佛，善画兰，能琴，四方名流，连镳过访。其养女曰杨爱，色美于徐，而绮淡雅净，亦复过之。崇祯丙子春，娄东有张庶常溥告假归。溥固复社主盟，名噪海内者。过吴江，舣舟垂虹亭，访佛于盛泽之归家院。值佛他适，爱出迎溥，一见倾意，携至垂虹亭，缱绻而别。爱自是窃自负，誓择博学好古为旷代逸才者从之。闻虞山有钱学士谦益者，实为当今李杜，欲一见其丰裁。乃驾扁舟来虞，为士人妆，坐肩舆，造钱投谒，易杨以柳，易爱以是。刺入，钱辞以他往，盖目之为俗士也。柳于诗内微露色相，牧翁得其诗大惊，诘阍者曰：

"昨投者士人乎？"阍者曰："士人也。"牧翁愈疑，急登舆，访柳于舟中，则嫣然一美姝也。因出其七言近体就正，钱心赏焉。视其书法，得虞、褚两家遗意，又心赏焉。相与絮语者终日。临别，钱语柳曰："此后即柳姓是名相往复，吾且字子以如为今日证盟。"柳诺。此钱、柳作合之始也。

柳尝之松江，以刺投陈卧子。陈性严厉，且视其名帖自称女弟，意滋不悦。遂不之答。柳恚，登门晋陈曰："风尘中不辨物色，何足为天下名士？"洎遇牧翁归，乃昌言曰："天下惟虞山钱学士始可言才，我非才如学士者不嫁。"钱闻之大喜，曰："天下有怜才如此女子者乎？我亦非如柳者不娶。"时牧翁适丧偶，因仿元稹会真诗体，作《有美生南国百韵》以贻之。藻词丽句，穷极工巧。遂作金屋住阿娇想矣。庚辰冬月，柳归于钱。牧翁筑一室居之，颜其室曰"我闻"，取《金经》"如是我闻"之义，以合柳字也。除夜促席围炉，相与饯岁。柳有《春日我闻室》之作，诗曰："裁红晕碧泪漫漫，南国春来已薄寒。此去柳花如梦里，向来烟月是愁端。画堂消息何人晓，翠幕容颜独自看。珍重君家兰桂室，东风取次一凭栏。"盖就新去故，喜极而悲。验裙之恨方殷，解佩之情愈切。

辛巳初夏，牧翁以柳才色无双，小星不足以相辱，乃行结缡礼于芙蓉舫中。箫鼓遏云，兰麝袭岸。齐牢合卺，九十其仪。

于是琴川绅士，沸焉腾议，至有轻薄子掷砖彩鹢，投砾香车者。牧翁吮毫濡墨，笑对镜台，赋《催妆诗》自若，称之曰"河东君"。家人称之曰"柳夫人"。

当丁丑之狱，牧翁侘傺失志，遂绝意时事。既得章台，欣然有终老温柔乡之愿。然年已六十矣，黝颜鲐背，发已皤然。柳则盛鬒堆鸦，凝脂竟体。燕尔之夕，钱戏柳曰："吾甚爱卿发黑肤白也。"柳亦戏钱曰："吾甚爱君发如妾之肤，肤如妾之发也。"因作诗有"风前柳欲窥青眼，雪里山应想白头"之句。牧翁于虞山北麓构楼五楹，匾曰"绛云"，取《真诰》"绛云仙老下降。仙好楼居"以况柳，以媚柳也。牙签万轴，充韌其中。置绣帷琼榻，与柳日夕晤对。钱集中所云"争光石鼎联名句，薄暮银灯算劫梅"，盖纪实也。牧翁披吟之好，晚而益笃，国史校雠，唯河东君是职。临文或有待探讨，柳辄上楼番阅，虽缥缃盈栋，而某书某卷，随手抽拈，有百不失一者。或用事微有舛讹，旋为辨正。牧翁悦其慧解，益加怜重。

国朝录用前朝耆旧，牧翁赴召，旋挂吏议，放还，由此益专意吟咏。河东君侍左右，好读书以资放诞。客有挟著述愿登龙门者，杂沓而至，几无虚日。钱或倦见客，柳即与酬应。时或貂冠锦靴，时或羽衣霞帔。清辨泉流，雄谈蜂起，座客为之倾倒。客当答拜者，则肩筠舆、随女奴，代主人过访于逆旅，即事拈题，共相唱和，竟日盘桓，牧翁殊不芥蒂。尝曰："此我高弟，亦良记室也"，戏称为"柳儒士"。

庚寅绛云灾，钱移柳居于红豆山庄。其村有红豆树一株，故名。良辰胜节，钱偕柳移舟湖山佳处。其《中秋日携内出游》诗曰："绿浪红阑不带愁，参差高柳蔽城楼。莺花无恙三春侣，虾菜居然万里舟。照水蜻蜓依鬓影，窥帘蛱蝶上钗头。相看可似嫦娥好，白月分明浸碧流。"柳依韵和曰："秋水春山淡暮愁，船窗笑语近红楼。多情落日依兰棹，无藉浮云傍彩舟。月幌歌阑寻尘尾，风床书乱觅搔头。五湖烟水常如此，愿逐鸱夷泛急流。"其余篇什，多附见牧翁《有学集》，不尽载也。

大江以南，藏书之富，无过于钱。自绛云灾，其宋元精刻，皆成劫灰。世传牧斋《绛云楼书目》仍牧斋暇日，想念其书，追录纪之，尚遗十之二三。惟故第在东城，其中书籍无恙。北宋板《前、后汉书》幸存焉。初，牧翁得此书出三百余金，以《后汉》缺二本，售之者故减价，仅获金三百余。牧翁宝之如拱璧。遍嘱书贾，欲补其缺。一书贾停舟于乌镇，买面为晚餐，见铺主人于败簏中取旧书一页作包裹具，谛视，则宋板《后汉书》也。贾惊窃喜，因出数金买之。而首页已缺，贾问主人求之，主人曰："顷为对邻包面去，索之可也"，乃并首页获全。星夜来常，钱喜欲狂，款以盛筵，予以廿金，是书遂为完璧。其纸质黑色，炯然夺目，真藏书家不世宝也。入本朝，为居要津者取去。

牧翁一日赴亲朋家宴，肩舆归过迎恩桥，舆夫蹉跌，致主人亦受倒仆之惊。忽得奇疾，立则目欲上视，头欲翻拄于地，卧则否。屡延医诊视不效。时邑有良医俞嘉言适往他郡治疾，亟遣仆往邀。越数日，俞始至。问致疾之由，遽曰："疾易治，无恐。"因问掌家曰："府中舆夫强有力善走者，命数人来。"于是呼数人至，俞命饮以酒饭，谓数人曰："汝辈须尽量饱食，且可嬉戏为乐也。"乃令分列于庭四角，先用两人夹持其主，并力疾趋，自东至西，自南至北，互相更换，无一息之停。主人殊苦颠播，俞不顾，益促之骤。少顷令息，则病已霍然矣。他医在旁，未晓其故。俞曰："是疾乃下桥倒仆，左边第几叶肝擗折而然。今扶掖之疾走，抖擞经络，则肝叶可舒。既复其位，则木气舒畅，而头目安适矣。此非药饵之所能为也。"牧翁益神其术，称为圣医。

己酉豫王兵渡江南，在京诸臣，相率迎降，致礼币有至万金者。牧斋独致礼甚薄，盖表己之廉洁也。束端细书"太子太保礼部尚书兼翰林院学士臣钱谦益百拜叩首，谨启上贡"，计开："鎏金银壶一具、珐琅银壶一具、蟠龙玉杯一进、宋制玉杯一进、天鹿犀杯一进、夔龙犀杯一进、葵花犀杯一进、芙蓉犀杯一进、珐琅鼎杯一进、文玉鼎杯一进、珐琅鹤杯一对、银镶鹤杯一对、宣德宫扇十柄、真金川扇十柄、弋阳金扇十柄、戈奇金扇十柄、百子宫扇十柄、真金杭扇十柄、真金苏扇四十柄、银镶象箸十双，右启上贡。"又署"顺治二年五月二十六日太子太保兼礼部尚书翰林院学士臣钱谦益。"时郡人张滉，与豫王记室诸暨曾王佐善，因得见牧翁送礼帖子而纪之以归。又语滉云："是日钱捧帖入府，叩首墀下，致词王前，王为色动，接礼甚欢"云。

乙酉五月之变，柳夫人劝牧翁曰："是宜取义全大节以副盛名。"牧翁有难色。柳夺身欲沉池水中，持之不得入。其时长洲沈明伦馆于牧斋家，其亲见归说如此。后牧斋偕柳游拂水山庄，见石涧流泉，洁清可爱。牧翁欲濯足其中而不胜前却。柳笑而戏语曰："此沟渠水，岂秦淮河耶？"牧翁有恧容。

拂水山庄在西郭锦峰之麓，牧翁先茔在焉。依丙舍为别业，曰耦耕堂，曰秋水阁，曰小苏堤，曰梅圃溪堂，曰酒楼，时洁河东君游息其中。每于早春时，梅花将绽，则坐鹢首轻扬而来，令僮击鼓舟中，音节清越，谓之催花信。

芙蓉庄即红豆村，在吾邑小东门外，去城三十里，白苑顾氏之别业也。牧斋为顾氏之甥，故其地后归于钱。红豆树大合抱，数十年一花，其色白，结实如皂荚，子赤如樱桃。顺治十八年辛丑，牧翁八十寿诞，而是花适开，盖距前此时已二十年矣。遂与诸名士赋诗以志其瑞（见《有学集》）。至康熙三十二年癸酉，再结实数斗，村人竞取之。时庄已久毁，惟树存野田中耳。今树亦半枯，每岁发一枝，枝无定向。士人云："其枝所向之处，稻辄歉收"，亦可怪也。

弘光僭立，牧翁应召，柳夫人从之。道出丹阳，同车携手。或令柳策蹇驴而己随之。私语柳曰："此一幅昭君出塞图也。"邑中遂传：钱令柳扮昭君妆炫煌道路。吁，众口固可畏也。

牧翁仕本朝亦不得志，以礼部侍郎内弘文院学士还乡里。丁亥岁，忽为蜚语所伤，被急征。河东君实为职橐膳，长君孙爱性暗懦，一筹莫展。牧翁于金陵狱中和东坡《御史台寄弟》诗，有"恸哭临江无孝子，徒行赴难有贤妻"之句，盖纪实也。孙爱见此诗，恐为人口实，托翁所知百计请改"孝子"二字。今集中刻"壮子"，是求改后更定者。牧翁游虎丘，衣一小领大袖之服，士前揖问："此何式？"牧翁对曰："小领者，遵时王之制，大袖乃不忘先朝耳。"士谬为改容曰："公真可为两朝领袖矣。"又有题诗寺壁者，曰："入洛纷纭意太浓，莼驴此日又相逢。黑头早已羞江总，青史何曾惜蔡邕（弘光时牧翁奏请在家修史，不许）。昔去尚宽沈白马，今来应悔卖卢龙。可怜北尽章台柳，日暮东风怨阿侬。"或云是云间陈卧子所作。

牧斋欲延师教令嗣孙爱而难其人，商之程孟阳。孟阳曰："吾有故人子嘉定黄蕴生，名淳耀，足当此席。但其耿介，未可轻致。惟渠同里侯某素为亲信，嘱之转恳乃可。"牧翁如其言，以嘱侯。侯致钱旨力为劝驾，黄意不悦，不得已于侯而应钱聘焉。牧翁相得恨晚。一日，程出海棠小笺示黄。黄曰："唱者为谁？"程曰："牧老如君柳夫人作也。子帖括之暇，试点笔可乎？"黄变色曰："忝居师席，可与小君酬和乎？先生耆年硕德，主人为老友，固可无嫌，若淳耀则断不可。"后孟阳语牧翁，牧翁益加敬。

一乡人入城，闻异香浓郁，随风而来，俄见妇女数十人，皆靓妆簇拥彩舆，至一大第，居邻各呼伴入第往观。乡人杂于众中，亦立于阶下观之。彩舆停置中堂，若有所俟，而旁女肃伫久之。俄而中门启，白须老人乌巾红履，翔步而出。女从揭舆帘，扶一丽姝登猩绒褥，环佩璆然，珠襦绣帔，璀璨夺目，俯首下拜，老人抗颜受之。拜已，携丽姝手，欢然笑语而入。乡人怪之，问于众人之同观者，始知某官女从师学诗。白须老人，则学士牧翁也。

牧斋长君名孙爱，性暗懦，亦颇迂阔。其居在东城，与海防公署邻。比防署火，延及内衙，防尊仓猝而出，暂借钱厅事一憩。孙爱出迎，始亦无失礼。及坐定，便问："老父台何科举人，第几甲进士？"防尊系是满州，非由科甲，嗫嚅未有以应。一吏从旁微语："系某旗下某堡人。"孙爱默然，未及待茶，便拂衣进内弗出。防尊大窘而去。

田雄执弘光至南京，豫王幽之司礼监韩赞周第，令诸旧臣一一上谒。王铎独直立戟手数其罪恶，且曰："余非尔臣，安所得拜？"遂攘臂呼叱而去。曾王佐目击其事。是日，独钱宗伯见故主伏地恸哭，不能起。王佐为扶出之。

柳夫人生一女，嫁无锡赵编修玉森之子。柳以爱女故，招婿至虞，同居于红豆村后。柳没，其婿携柳小照至锡，赵之姻戚咸得式瞻焉。其容瘦小而意态幽娴，丰神秀媚，帧幅间几呼之欲活矣。坐一榻。一手倚几，一手执编，牙签缥轴，浮积几榻。自跋数语于幅端，知写照时，适牧翁选《列朝诗》，其中《闺秀》一集，柳为勘定，故即景为图也。

康熙初，长君孙爱已与乡荐，迎牧翁同居。柳与女及婿仍居红豆村。逾二年，牧翁病，柳自乡奔候。未几，牧翁卒。柳留城守丧，不及归也。初，牧翁与其族素不相睦，乃托言牧翁旧有所负，聚百人交讼于堂。柳泣而前曰："家有长嫡，义不受凌削。未亡人奁有薄资，留固无用，当捐此以赂凶而抒难。"立出千金授之。诘朝，群凶喧集如故，宗人闻风来求沾惠者益多。柳遣人问曰："今将奚为？"族人曰："昨所颁者，夫人之长物耳，未足以赡族。长君华馆连云，腴田错绣，独不可分其半以给贫族耶？"斯时孙爱闻而惧甚，匿不敢出。柳念若厌其求，则如宋之割地，地不尽，兵不止，非计也。乃密召牧斋懿亲及门人之素厚者，复纠家仆数辈。部署已定，立与之誓曰："苟念旧德，无逾此言。"咸应曰"诺"。柳乃出语族人曰："妾资已尽，不足为赠。府君之业故在，期以明日。杯酒合欢，所须惟命。"众始解散。是夕，柳果执豕刲羊，肆筵以待。申旦而群宗屬至，柳与列坐丧次，潜令仆锔前扉，乃入室登荣木楼，似将持物以出者。久之不出，家人心讶，入视，则已投缳矣。大书于壁曰："并力缚凶党，然后报之官。"孙爱哭之恸，家人急出，尽缚族人，门闭无一脱者。而维系之具，柳于前一日预备一室，故数十人顷刻就缚。柳之女鸣之官，邑令某穷治得实，系群凶于狱，以其事上闻，悉置之法。牧翁之不致身死而家毁者，柳之力也。于是邑中之能诗者，作《殉节诗》以挽之，而长洲顾荃作《河东君传》。

予友震泽徐奎伯孝廉，有《咏河东君》诗云："一死何关青史事，九原羞杀老尚书。"蒙叟有知，难乎其为夫婿矣。庚戌正月上浣一日蝯蝯子附识。

出处：《香艳丛书》二集
卷二《绛云楼俊遇》
团结出版社，2005 年

杨柳（二首）

其一

> 不见长条见短枝，止缘幽恨减芳时。
>
> 年来几度丝千尺，引得丝长易别离。

其二

> 玉阶鸾镜总春吹，绣影旎迷香影迟。
>
> 忆得临风大垂手，销魂原是管相思。

春日我闻室作呈牧翁

> 裁红晕碧泪漫漫，南国春来正薄寒。
>
> 此去柳花如梦里，向来烟月是愁端。
>
> 画堂消息何人晓，翠帐容颜独自看。
>
> 珍重君家兰桂室，东风取次一凭阑。

冬日泛舟

> 谁家乐府唱无愁，望断浮云西北楼。

汉珮敢同神女赠，越歌聊感鄂君舟。

春前柳欲窥青眼，雪里山应想白头。

莫为卢家怨银汉，年年河水向东流。

金明池·咏寒柳

有恨寒潮，无情残照，正是萧萧南浦。更吹起，
霜条孤影，还记得旧时飞絮。况晚来烟浪斜阳，见行
客特地瘦腰如舞。总一种凄凉，十分憔悴，尚有燕台
佳句。

春日酿成秋日雨。念畴昔风流，暗伤如许。纵饶有，
绕堤画舸，冷落尽，水云犹故。忆从前，一点东风，
几隔着重帘，眉儿愁苦。待约个梅魂，黄昏月淡，与
伊深怜低语。

南乡子·落花

拂断垂垂雨，伤心荡尽春风语。况是樱桃薇院也，
堪悲。又有个人儿似你。

莫道无归处。点点香魂清梦里。做杀多情留不得，
飞去。愿他少识相思路。

江城子·忆梦

梦中本是伤心路。芙蓉泪，樱桃语。满帘花片，都受人心误。遮莫今宵风雨话。要他来，来得么。

安排无限销魂事。研红笺，青绫被。留他无计，去便随他去。算来还有许多时。人近也，愁回处。

梦江南·怀人（二十首）

其一

人去也，人去凤城西。细雨湿将红袖意，新芜深与翠眉低。蝴蝶最迷离。

其二

人去也，人去鹭鹚洲。菡萏结为翡翠恨，柳丝飞上钿筝愁。罗幕早惊秋。

其三

人去也，人去画楼中。不是尾涎人散漫，何须红粉玉玲珑。端有夜来风。

其四

　　人去也，人去小池台。道是情多还不是，苦为恨少却教情。一望损莓苔。

其五

　　人去也，人去绿窗纱。赢得病愁输燕子，禁怜模样隔天涯。好处暗相遮。

其六

　　人去也，人去玉笙寒。凤子啄残红豆小，雉媒骄拥褭香看。杏子是春衫。

其七

　　人去也，人去碧梧阴。未信赚人肠断曲，却疑误我字同心。幽怨不须寻。

其八

　　人去也，人去小棠梨。强起落花还瑟瑟，别时红泪有些些。门外柳相依。

其九

　　人去也，人去梦偏多。忆昔见时多不语，而今偷悔更生疏。梦里自欢娱。

其十

　　人去也，人去夜偏长。宝带乍温青骢意，罗衣轻试玉光凉。薇帐一条香。

　　　　　　　出处：《柳如是》，中华书局，2010 年

题沈朗倩石崖秋柳小景

刻露巉岩山骨愁，两株风柳曳残秋。

分明一段荒寒景，今日钟山古石头。

金陵秋兴八首次草堂韵

乙亥七月初一日作

其一

龙虎新军旧羽林，八公草木气森森。

楼船荡日三江涌，石马嘶风九域阴。

扫穴金陵还地肺，埋胡紫塞慰天心。

长干女唱平辽曲，万户秋声息捣砧。

其二

杂虏横戈倒载斜，依然南斗是中华。

金银旧识秦淮气，云汉新通博望槎。

黑水游魂啼草地，白山新鬼哭胡笳。

十年老眼重磨洗，坐看江豚蹴浪花。

病榻消寒杂咏（四十六首）

其九

词场稂莠递相仍，嗤点前贤莽自矜。

北斗文章谁比并，南山诗句敢凭陵。

昔年蛟鳄犹知避，今日蚍蜉恐未胜。

梦里孟郊还拊手，千秋丹篆尚飞腾。

其十八

忠驱义敢国恩赊，板荡凭将赤手遮。

星散诸侯屯渤海，飘回子弟走长沙。

神愁玉玺归新室，天哭铜人别汉家。

迟暮自怜长塌翼，垂杨古道数昏鸦。

其二十二

中年招隐共丹黄，栝柏犹馀翰墨香。

画里夜山秋水阁，镜中春瀑耦耕堂。

客来荡桨闻朝咏，僧到支筇话夕阳。

留却《中州》青简恨，尧年鹤语正悲凉。

其三十三

老大聊为秉烛游，青春浑似在红楼。

买回世上千金笑，送尽生年百岁忧。

留客笙歌围酒尾，看场神鬼坐人头。

蒲团历历前尘事，好梦何曾逐水流。

西湖杂感（二十首）

其一

板荡凄凉忍再闻，烟峦如赭水如焚。

白沙堤下唐时草，鄂国坟边宋代云。

树上黄鹂今作友，枝头杜宇昔为君。

昆明劫后钟声在，依恋湖山报夕曛。

其二

潋艳西湖水一方，吴根越角两茫茫。

孤山鹤去花如雪，葛岭鹃啼月似霜。

油壁轻车来北里，梨园小部奏西厢。

而今纵会空王法，知是前尘也断肠。

其十

方袍潇洒角巾偏，才上红楼又画船。

修竹便娟调鹤地，春风蕴藉养花天。

蝶过柳苑迎丹粉，莺坐桃堤候管弦。

不是承平好时节，湖山容易著神仙。

其十五

冷泉净寺可怜生，雨血风毛作队行。

罗刹江边人饲虎，女儿山下鬼啼莺。

漏穿夕塔烟烽影，飘瞥晨钟鼓角声。

夜雨滴残舟渐沥，不须噩梦也心惊。

其十六

建业余杭古帝丘，六朝南渡尽风流。

白公妓可如安石，苏小湖应并莫愁。

戎马南来皆故国，江山北望总神州。

行都宫阙荒烟里，禾黍丛残似石头。

其十八

冬青树老六陵秋，恸哭遗民总白头。

南渡衣冠非故国，西湖烟水是清流。

早时朔漠翎弹怨，他日居庸宇唤休。

苦恨嬉春杨铁史，故宫诗句咏红兜。

金陵杂题绝句二十五首，继乙未春留题之作

其六

抖擞征衫趁马蹄，临行渍酒雨花西。

于今墓草南枝句，长伴昭陵石马嘶。

其七

　　顿老琵琶旧典刑，檀槽生涩响丁零。
　　南巡法曲无人问，头白周郎掩泪听。

其十二

　　旧曲新诗压教坊，缕衣垂白感湖湘。
　　闲开闰集教孙女，身是前朝郑妥琅。

　　　　　　出处：《钱谦益诗选》，中华书局，2005 年

媚生

〔顾横波〕

一

顾横波。

她是秦淮八艳里最好运的女子。不过，时运这种事情，从来都讲究机缘。想要有个好的去路，天时地利人和，终归是一样也少不得。天时地利易求，人和却难得。世间男子多薄幸，因此，好运命的女子总是少之又少。谁能像顾横波一样，遇到一个龚鼎孳。

钱谦益待柳如是当然也不错。只是，柳如是自身的"问题"却实在不少。譬如，她骨子里的刚烈、执着，令她对人情、世故样样不能放下。她一颗如火热烈、力争上游的心，使她行走人世，总要比别的女子多出几分辛苦。顾横波不同，她温柔、妩媚。

平生所求，不过是：

做一个安静的女子，过安稳的一世。

二

顾横波，生于 1619 年。本名，顾媚，字眉生。又名，顾横波，号横波，又号智珠，善才君，亦号梅生。人称"横波夫人"。其人"庄妍靓雅，风度超群，鬒发如云，桃花满面，弓弯纤小，腰肢轻亚，通文史，善画兰"。

十八岁时，曾与李香君和名妓王月等人一同参加了扬州名士郑元勋在南京集结的"兰社"。当时，顾横波的兰，被人赞不绝口，说可与当年马湘兰的兰相媲美。但顾媚长得比马湘兰要美。时人推之为"南曲第一"。

顾横波住的妓馆，叫眉楼。时人称之为"迷楼"。这"迷"字用得好，听上去，便仿佛可见当年她的眼波流转和万种风情。当然，还有建筑本身的巧夺天工，迂回婉转。"绮窗绣帘，牙签玉轴，堆列几案，瑶琴锦瑟，陈设左右，香烟缭绕，檐马丁当"。

彼时的眉楼，是宴无虚日，门庭若市。顾横波虽心意单纯，但为人却又很是大方、洒脱。来往金陵一带的男子，无不以与顾横波喝上一杯为荣。甚至，常出入眉楼的男客，还被冠以"眉楼客"的雅称。以薄薄一册《板桥杂记》为世人所知的余怀，也将顾横波视为挚爱。

艳名之盛，一时无俩。

据说，顾横波的戏也唱得甚妙，还曾反串小生，与董小宛合演过一出《西厢记》。于是，便想着，顾横波的张生怕是自古以来最娟丽、最俊俏、最雌雄难辨的张生了。真想看一出顾横波的戏，看看顾横波的张生与张国荣的虞姬，谁更美。

顾横波，媚眼横波。传说，她之所以叫顾横波，正因为有一双迷人之媚眼。眼，是距离心最近的地方。与顾横波四目相对，她的每一个眼神都是一个故事。顾横波看人，能看到心里去。人看顾横波，便知她的心里住下了多少深邃又绮丽的往事。

秋水芙蓉碧连天。
一眼万年。

说回余怀。

余怀，生于 1616 年，卒于 1696 年。是长寿的人。字澹心，一字无怀，号曼翁、广霞，又号壶山外史、寒铁道人，晚年自号鬘持老人。祖籍福建莆田黄石人，却生于金陵长于金陵侨居，因此，自称江宁余怀、白下余怀。晚年退隐吴门，漫游支硎、灵岩之间，征歌选曲，文才卓尔，与杜浚、白梦鼎齐名，时称"余杜白"。

虽然他有文才，其诗文甚至名震金陵，但是到底是一介布衣。家境虽好，却只是商家子弟。古时有"士工农商"的介意观念。商人的地位实在不高。一生也是跌宕。好在各路文人士子对余怀却欣赏得很，许多人都与之来往密切。余怀，也成了当时真正的草根第一才子。

少时，也曾有匡世之志，但生不逢时。最好的年岁恰逢最坏的时代。时为参与南都乡试，东南数省学子，常聚学于南京国子监。每次考试，余怀总名列榜首。当时，吴伟业时任南京国子监司业。对余怀甚为欣赏，甚至为他写了一首诗。

题为，《满江红·赠南中余澹心》。

绿草郊原，此少俊、风流如画。
尽行乐、溪山佳处，舞亭歌榭。

石子冈头闻奏伎，瓦官阁外看盘马。
问后生、领袖复谁人，如卿者？
鸡笼馆，青溪社，西园饮，东堂射。
捉松枝麈尾，做些声价。
赌墅好寻王武子，论书不减萧思话。
听清谈、逼人来，从天下。

二十五六岁的时候，余怀得南京兵部尚书范景文赏识，被邀入幕。但仕宦生涯极是短暂。不久，李自成攻占京城，大明灭亡。南明期间，余怀与东林党人和复社成员来往密切。也曾有心复仕，但南明腐败，并无朝气，很快被南下的清军清扫一净。

清军攻占南京之后，满人以血腥屠杀为手段强制推行剃发与更换服制的种族文化专制政策。无奈，余怀携家离开。自此，半生流离。好在家底殷实，纵一路损失惨重，但余怀的生活始终不太差。岁月河长，总要放下一些，才能得到更多。

复明希望破灭之后，余怀隐居吴门，卖字为生。

余怀有爱妻，育有一儿一女，后纳了一位妾，名曰陆眷西，擅吟咏。陆眷西，真是个好名字。一念再念。不知是本名，还是余怀新取的。无论如何，余怀其人，猜想必然是个好有品位的人。否则，秦淮岸边粉黛如云，他又怎能偏偏最迷顾横波。

流水有心，落花无意。顾横波待余怀，似乎不曾有爱意。大抵是因着二人交识的时年，顾横波尚无安家之念，来往群臣在她心上，皆是一个模样的。除了逢场作戏的你欢我悦，顾横波也不作他想。虽说从良是青楼女子夙愿，为她一掷千金的人也不在少数，但选择一个最恰到好处的人，并不容易。

最难的，总是选择。

若不是后来余怀为救顾横波解困助之一臂之力，又为顾横波在《板桥杂记》里写了浓墨重彩的一笔，大约二人的关系依然很难推进。我看余怀，虽然颇好，但是在见惯了各路男子的顾横波眼中，或许，他的确也并不太出色。

三

乱世里，每个人都不好过。

美貌的女子，尤其不好过。顾横波也不例外。美貌，常常是会带来危机。这种危机出自美之本身，也源于人欲。追慕顾横波的男子太多。一旦爱恋者多，争风吃醋的事必定无可避免。凭借顾横波的智慧跟左右逢源的经验，平衡四方原也不是太难的事。

毕竟，与南曲美人换盏交杯，谈风论月，好事者多半也是风雅之人。可是，这并不表示人人如此，无一例外。若遇得无良权贵，也是无法。那日，便有一人如此。实为伧父，粗鄙不堪。

不过，来者是客，顾横波与柳如是、李香君不同，她是温柔的、和顺的，性子如水缱绻。倒也不曾伤到那人，风月女子多擅逢场作戏，待他也是处处礼敬。不料，此人以为顾横波也如他热爱她一般地热爱自己。在顾横波的心里，他瞬时沦为一个笑话。

恰逢又有旁人来访，是一名词客。此人文弱，却对顾横波痴心不绝。自然，顾横波也不能薄待他。她就是这样一个愿意迁就旁人的女子。总是想着，与人为善，两相从容地过下去。无奈世道艰险，尊重与安然从来都不是绝对相互的事。

那"伧父"见顾横波待词客不薄，心里竟醋意横生。当真是为难顾横波，此人连风月场上逢场作戏的道理都不能明白，竟有自信来寻慕顾横波。她又何以能够看得上他这一介无赖莽夫。真是令人错愕。但那"伧父"不以为然。他认为，顾横波待自己热诚，就是心有爱慕之意。

词客的出现，分明是横刀夺爱。遂，栽赃陷害，污蔑词客偷盗自己财物。将之告上衙门。一时间，闹得沸沸扬扬。对顾横波的名声也造成了十分不良的影响。后来，余怀得知此事，甚是愤怒。便亲自为顾横波作了一篇檄文，讨伐之。

文曰："某某本非风流佳客，谬称浪子、端王，以文鸳彩凤之区，排封豕长蛇之阵；用诱秦诓楚之计，作摧兰折玉之谋，种夙世之孽冤，煞一时之风景"云云。此"伧父"有仕宦背景。叔父为南少司马。其叔父见檄，得知侄儿因青楼女子闹出官司，严肃地训斥了一番。将之打发回浙东老家，官司方才结束。

此事见于余怀的《板桥杂记》。做文章，难免主观。余怀所记也未必是完全之真相。不过，大体应当与事实相近。被那"伧父"无赖的人，别处亦有记载，说此人名叫刘芳。后来，他还为顾横波殉情而死。

此事真伪难辨，记载零星。也有人说，刘芳为人怯懦，爱顾，却不娶之。此一种爱，之于一心从良的大部分青楼女子而言，多半是意义不大的。毕竟，马湘兰只有一个，卞玉京只有一个。不是人人皆似她们一样此生只求一人心。

也是历此一事，顾横波突然就想：

是不是到了该找个人嫁了的时候了呢？

顾横波想要的，只是嫁与良人，离了那章台是非之地。爱与生活，从来都不是一回事。所以，她择之又择，最后还是嫁了。嫁给了那个叫作龚鼎孳的文豪。传说中，刘芳之死，与顾横波嫁与龚鼎孳有直接的关联。是，她一旦嫁了，之于刘芳而言，此生怕是佳人难再见了。

心灰如死，遂自戕。

虽"殉情"的说法不完全可信，但终究会令人心生恻隐，另眼相看。毕竟，而今世人凉薄。还有谁，能够为了谁，连命也不在意。或许有，也极少。如此一想，虽然刘芳愚钝迂腐，但是也未尝不能理解为憨厚老实。不过只是一念之间的事情罢了。

不能否认的是，他很可怜。

四

女子多淡静，男子多浮夸。若能遇得一男子，待她日日如新妇，不求闻达，不求富贵，只求与她执手相依生死不离。那么，妇复何求？顾横波是好运气的女子，她等来了龚鼎孳。是，世间男子千万，但只有一个龚鼎孳。

龚鼎孳，生于1615年，殁于1673年。字孝升，号芝麓。安徽合肥人。与吴伟业、钱谦益并称为"江左三大家"。著有《定山堂集》等。崇祯七年，十九岁，中进士，出任湖北蕲春县令。崇祯十二年，任兵部给事中。是少有所成。在苏皖一带，极富盛名。

那一年，他赴京任职。

途经金陵。

金陵，六朝金粉之都。金陵之好，如余怀在《板桥杂记》中所写："金陵为帝王建都之地，公侯戚畹，甲第连云，宗室王孙，翩翩裘马，以及乌衣子弟，湖海宾游，靡不挟弹吹箫，经过赵、李，每开筵宴，则传呼乐籍，罗绮芬芳，行酒纠觞，留髡送客，酒阑棋罢，堕珥遗簪。真欲界之仙都，升平之乐国也。"

龚鼎孳素来是轻财好施之人，又懂得享受生活。秦淮好景，自然是不能相错的。彼时，被推为"南曲第一"的顾横波对龚鼎孳而言，自然也是最富吸引力的。本想一探所谓"南曲第一"之虚实。竟不想，一见钟情，倾付了一生爱意。

有一样东西，是连帝王也不能掌控的。

那便是，爱情。

爱是一个人的事，但爱情是两个人的事。所谓"一见钟情"的事，风月之地，并不少见。顾横波，大概也是见怪不怪了。情之生发不难，爱之持久不易。对于龚鼎孳的热情，顾横波起初也并未上心。初见匆匆。几杯酒，几声笑，也就将龚鼎孳打发过去了。

不过月余时间，龚鼎孳继续北上。

龚鼎孳一走，顾横波也不曾料想过什么。情始情终，人来人往，从来都是最寻常不过的了。她从来也不会在一个途经的路人身上投放爱情的梦想。可是龚鼎孳一路北上，却对顾横波牵挂不减。当初去寻访顾横波时，他大概也只是寂寞路途之上，艳遇寻欢一刹。不曾想着，真要与谁谈情说爱。

只是，"情"字最难解。一别之后，他一而再再而三地想起她，甚至思念她。彼时彼刻，龚鼎孳大概也被自己心中的爱意惊着了吧。他就这样，一路走，一路想。一路上，慢慢地认定了她。后来，龚鼎孳暗下决心，他日再到金陵，定要带走她。

数月后。

龚鼎孳重来。此次时间紧迫，在金陵只能逗留一日。与顾横波的事，他想要在这一日之内定下来。可是何其难。顾横波断不会就如此轻易把自己托付他人。于是，带走顾横波的念头，无疾而终。一日之内，龚鼎孳能做的事，实在太少了。短暂得，只剩一首诗的光阴。

他为她写：

> 腰妒杨柳发妒云，
> 魂断莺语夜深闻。
> 秦楼应被东风误，
> 为遣罗敷嫁使君。

不过，好事多磨。

精诚所至，金石为开。

二次相见，顾横波以为距离谈婚论嫁尚是久远。可是，二次相别，对龚鼎孳，顾横波自然也多出了一份与旁人不同的亲近来。说要娶她的人太多，但能够郑重其事又磊落干脆地说，当下便要带她走的人，只龚鼎孳一人。

此后一别便是一载。未能与顾横波相见的日子里，龚鼎孳时刻不忘佳人，鱼雁往返，从不中断。一来是怕美人以为人走茶凉，自己与寻常欢客别无二致；二来实在是思念得紧，是真的想要与她说说话，纸上谈心，也不差。

次年，正月。

晴夜无风，她心上忽生悲凉。总是会有这样的时刻，寂静无人，三杯两盏淡酒，便感怀身世之伤。又有"伧父"无赖在前，她便愈发觉得，日子总还是要两个人一起过，方才平安些。一个人的生活，哪怕长歌痛饮，有些孤独，也不能抵挡。

自从龚鼎孳向顾横波表露爱之娶之的想法，她身边的姐妹纷纷规劝她随龚而去。甚至，昔日的裙下之臣，见龚鼎孳情深意真，也多自叹不如，甚至一并承认，此人值得顾横波去嫁。

崇祯十五年，秋。

世事剧变，能有一个安稳的去处，成了所有青楼女子最迫切的意愿。大明军在与清军斡旋、与农民军厮杀的战事中连连败北。京师地区的官员去留之贞洁尤其引人注意。此时，将原配夫人童氏留在老家合肥孤身在京城的龚鼎孳，却心心念念顾横波。

到了二人约见之期，不顾非议，径直南下，三至金陵。倘若心性浊杂，一水一茶也会草木皆兵。倘若心性淡定，江山易主也是不足为惧。龚鼎孳有一颗宽大的心，世事迷离，他依然处变不惊。是时，顾横波终于下定决心，嫁给龚鼎孳，随他北上。

这一年，她二十二岁，他二十六岁。

那年，顾横波题了一首诗。

> 识尽飘零苦，
> 而今始有家。

灯媒知妾喜，

特著两头花。

念起来，真是哀伤凄凉。

五

私以为：

秦淮八艳所遇之男子，龚鼎孳最好。

虽然，龚鼎孳是历史上著名的"贰臣"，但是在我看来，却实在是个不同寻常又很了不起的男子。历史从来都是胜者书写的。所谓"贰臣"与否是当权者的看法。舆论所向，未必就是真理。国人向来有人云亦云、以讹传讹、落井下石的劣根性。

从龚鼎孳乱中南下千金置妓开始，便有人对他非议不浅。龚鼎孳其人，从来不为世俗活、不为舆论活、不为功利名声活，他只为自己活，为良心活，为一种坦然的心境与宽怀的岁月活。

为爱而活。他深知"并没有来世，只有这一生"的道理。

我不精通历史，也不大懂政治。看人看事，从来也都是意气用事。龚鼎孳一生，后人褒贬不一。责其不忠者，多半所指他"降闯又降清"。但"降"与"叛"根本就是两件事。

降闯时，人人骂之。可是，龚鼎孳却说"吾愿欲死，奈小妾不肯何"。听上去令人瞠目结舌，但细想，这分明是龚鼎孳玩笑权贵的一句话罢了。向来都是夫唱妇随，谁人敢拿生死玩笑，随侍妾作弄。龚鼎孳，敢。他从来不是一个愚忠愚孝的人。世人不懂他，无碍。他亦无须将自己的心之毫厘交代世人。

当年，顾横波初嫁龚鼎孳，大明朝岌岌可危。入仕资历尚浅的龚鼎孳便果敢谏言，一月上疏十七次，弹劾奸宦权贵，招来牢狱之灾。明末监狱之黑暗，可怖程度难以尽言。但龚鼎孳，不惧权贵，不惧流言，不惧牢狱之灾，一往无前。

彼时，谁人敢说他卑怯。

牢狱之灾长达十数月，崇祯十七年，方才获释。期间，顾横波不离不弃，她是懂他的，知其所想，知其所愿。如是，在狱中的龚鼎孳也是乐观得很，填词赋诗从未决断，字字句句皆是淋漓洒脱，酣畅果敢。后来，甲申之变，乾坤易转，李闯王入京，龚鼎孳降闯。

人人以之为不耻，他却一笑而过。他从来也不打算做俗世人眼里的正人君子。腐朽内政之下，江山易主是迟早的事。真正的民族大义，真正的君子之行，应当是，与其拼死保全奸宦专权的前朝臣子之名节，不如活下去为活着的人做些侠义值得的事。

后来，大顺政权倾亡，龚鼎孳又转而降清。看上去，实在是面目可憎，毫无节操，卑劣无品。但南明小朝廷的君臣上下毫无亡国思过之心，短短一年就烟消云散。把毕生的志气都投放在这样的朝堂，实在也是不大值得。

降清之后，龚鼎孳的仕途并不顺利。几番大起大落。初年，虽官升左都御史，但却被当年依附魏忠贤苟且的真正"贰臣"冯铨倒打一耙。此人全然不顾自己身后骂名，却反咬龚鼎孳当年不该"降闯"。早早变节降清，才是正道。

龚鼎孳素不理旁人喜恶。当年尚且敢直言进谏崇祯，今日自然也不惧得罪顺治和多尔衮。一番理论，被多尔衮厉声训斥。他却不以为然。后来，又因家父过世南归，丁忧期间行为不检，被人连同昔年"降闯"与"千金置妓"的事参了一本，被降二级。

所谓"行为不检"，是说与顾横波纵情风月。

家父病逝，理应低调。但龚鼎孳不。依然携顾横波尽游山水，风晨雨夕，将日子过得甚是逍遥美妙，放浪形骸。忠孝自古难两全，如此一看，龚鼎孳是两头不沾，不忠不孝。可是，谁人敢说，表达悲伤的方式只有痛哭流涕这一种。

龚鼎孳从来也不是一个示心于世的人。再大的险困，也要一笑置之。再严肃的事，也不曾怒目圆睁。再伤心的际遇，也不会耽于此，博得一个孝名。伤心，从来都只是自己的事情。伤口，也从来不需要让全世界知道。

俗世道理，他何尝不懂。

只是，不愿苟同。

唐伯虎有一首《桃花庵歌》。

引于此。

致，龚鼎孳。

桃花坞里桃花庵，桃花庵里桃花仙。

桃花仙人种桃树，又摘桃花换酒钱。

酒醒只来花前坐，酒醉还来花下眠。

半醒半醉日复日，花落花开年复年。

但愿老死花酒间，不愿鞠躬车马前。

车尘马足贵者趣，酒盏花枝贫贱缘。

若将富贵比贫者，一在平地一在天。

若将花酒比车马，他得驱驰我得闲。

别人笑我忒风骚，我笑他人看不穿。

不见五陵豪杰墓，无花无酒锄做田。

六

南归之后。龚鼎孳再未召还。

直至顺治八年。

多尔衮死于顺治七年。与多尔衮芥蒂甚深的顺治，在多尔衮死后，竭力消弭满汉之分。昔年，得罪多尔衮又才名鼎盛的龚鼎孳重新得到重用。不知顺治看重龚鼎孳，是否还深藏另一个原因。比如，专宠妾妃董鄂氏的顺治帝，会否令他对今日千金置妓独爱侍妾惨遭世人诟病的龚鼎孳心怀些微的怜悯？

复仕之后，龚鼎孳连连拔擢，成为一品大员。

自顾横波嫁到龚家，正妻童氏被龚鼎孳冷落。日日伴随左右的，都是这名出身青楼的侍妾。童氏心里是不会痛快的。时日长久，对龚鼎孳的情分大约也日渐消淡。昔日，不肯随宦京师，后来，龚鼎孳身陷囹圄，也是不闻不问。

那日，面对一品夫人的头衔，童氏说，"我经两受明封，以后本朝恩典，让顾太太可也。"顾遂专宠受封，以"亚妻"的身份成了一品夫人。不知童氏此举是有意为之，欲擒故纵，还是果真与龚鼎孳之间，已经疏冷至如同路人的地步。私以为，她不是不想要，只是不稀罕了吧。

此生，龚鼎孳是彻彻底底负了童氏。

愿来世里，童氏能做了自己的主，找到最相宜的人。爱是有限的，他悉数给了顾横波，实在无法匀出一星半点与旁人了。

秦淮女子，佳人如星。独独顾横波，有这个运气，遇到了龚鼎
孳。之于龚鼎孳，顾横波亦如是。

再次复仕，龚鼎孳不改初心。

换作旁人，直言进谏理应是微时谋取前程的手段，官居高
位，自保要紧。但龚鼎孳不。顺治十二年，龚鼎孳上疏谏言，
牵连冯铨。但冯铨在满清贵族当中，深得人心。他是前朝倒戈
的第一典范。此人的利用价值不小。迫于各路权臣压力，顺治
驳斥了龚鼎孳的折子。

被贬，连降十一级。

成了不足挂齿的芝麻小官。

换作私心好重的女子，大概是要另攀高枝了。但顾横波没
有，她不是势利的女子。一眼一心，盼的就是一份情痴。龚鼎
孳待她，爱之真切恒久，无人能比。秦淮姐妹如星，独独只有
她，得此良人。不管贫富贵贱，日日爱顾她如新妇。

再后来，龚鼎孳又受命去了广州，而后再度赋闲。到康熙
朝，方才仕途稳固，历任刑部、兵部、礼部尚书，累充会试正

考官。暮年煊赫。而他从来又都是轻财好施，得益于龚鼎孳恩惠的各路反清仁人志士不胜枚举。可见，他对自己的汉人身份，对前朝大明，从不曾"叛"。

活下来，做理应该做的有价值的事。

对于救助反清义士，顾横波也是竭力辅佐。后来，大文豪袁枚曾以"礼贤爱士，侠内峻赠"八字并赞顾横波与柳如是。那年，顺治十四年，顾横波美人迟暮，已经三十九岁。昔年再美艳的人，到了这个年纪，必定是不如从前了。

但龚鼎孳的爱，分毫未减。

过寿辰，国人素有提前一年的传统。那年，龚鼎孳不吝家财，为顾横波办了一场好盛大好隆重的寿辰宴席。往来宾客，无一不欣羡这对璧人。至死不渝的事，还有人相信吗？至少，此刻，我是愿意相信的。真希望，他们还有下生下世，三生三世，永生永世。

只可惜，世事有遗憾。

人生无有遗憾，何以叫人生。顾横波，终生未曾替龚鼎孳生下儿子。后来，曾产下一女，但天不假年，早夭而亡。此事对顾横波打击甚深，有人说，后来顾横波仿佛着了魔。她甚至用香木刻成一男婴人偶。日日锦绷绣褓，还雇了乳母做哺乳事。唤作"小相公"。听上去，十分可怖。

却也实在令人心痛。

何以能报答他对自己一生一世的眷顾？她连儿子也未能替他生下，当真是绝望至极的吧。此生此世，他待她如日月星辰，她却未能替他延绵子嗣，续上龚家香火。她如何肯宽谅自己？如此，一日一日，她把自己折磨得不成样子。一颗心上，遍是疮痍。

终于，她抑郁成疾。

康熙三年，她一病不起，溘然长逝。

终年四十五岁。

七

九年之后，龚鼎孳离世于任上。

这九年，之于他来说，大概是如九生九世那样漫长吧。顾横波离世之后，丧礼隆重。前往吊唁的文人学士数不胜数。昔年，得龚鼎孳施惠的阎尔梅、柳敬亭，以及余怀等人，也在安徽庐州开堂设祭，江南一带往来凭吊之人亦是络绎不绝。龚鼎孳还在北京长椿寺为爱妾起"波光阁"，每年祭日皆有寺僧为之诵经祈福。

孤独是什么?

是与最爱的人，一别永诀，再不能见。

附

/ 余桥 / 《板桥杂记 · 顾媚》

顾媚，字眉生，又名眉，庄妍靓雅，风度超群，鬈发如云，桃花满面，弓弯纤小，腰支轻亚。通文史，善画兰，追步马守真，而姿容胜之。时人推为南曲第一。家有眉楼，绮窗绣帘，牙签玉轴，堆列几案；瑶琴锦瑟，陈设左右。香烟缭绕，檐马丁当。余尝戏之曰："此非眉楼，乃迷楼也。"人遂以"迷楼"称之。当是时，江南侈靡。文酒之宴，红妆与乌巾紫裘相间，座无眉娘不乐。而尤艳顾家厨食，品差拟郇公、李太尉，以故设筵眉楼者无虚日。然艳之者虽多，妒之者亦不少。适浙东一伧父，与一词客争宠，合江右某孝廉互谋，使酒骂座，讼之仪司，诬以盗匿金犀酒器，意在逮辱眉娘也。余时义愤填膺，作檄讨罪，有云："某某本非风流佳客，谬称浪子、端王。以文鸳彩凤之区，排封豕长蛇之阵；用诱秦诓楚之计，作摧兰折玉之谋。种凤世之孽冤，煞一时之风景"云云。伦父之叔为南少司马，见檄，斥伦父东归，讼乃解。眉娘甚德余，于桐城方瞿庵堂中，愿登场演剧为余寿。从此摧幢息机，矢脱风尘矣。未几，归合肥龚尚书芝麓。尚书雄豪盖代，视金玉如泥沙粪土，得眉娘佐之，益轻财好客，怜才下士，名誉盛于往时。客有求尚书诗文及乞画兰者，缣笺动盈箧笥，画款所书"横波夫人"者也。岁丁酉，尚书挈夫人重过金陵，寓市隐园中林堂。值夫人生辰，张灯开宴，请召宾客数十百辈，命老梨园郭长春等演剧。酒客丁继之、张燕筑及二王郎，串《王母瑶池宴》。夫人垂珠帘，召旧日同居南曲呼姊妹行者与燕，李大娘、十娘、王节娘皆在焉。时尚书门人楚严某，赴浙监司任，逗留居樽下，褰帘长跪，捧卮称："贱子上寿！"坐者皆离席伏，夫人欣然为罄三爵，尚书意甚得也。余与吴园次、邓孝威作长歌纪其事。嗣后，还京师，以病死。敛时，现老僧相，吊者车数百乘，备极哀荣。改姓徐氏，世又称徐夫人。尚书有《白门柳传奇》行于世。

顾眉生既属龚芝麓，百计祈嗣，而卒无子，甚至雕异香木为男，四肢俱动，锦绷绣裸，顾乳母开怀哺之。保母褰襟作便溺状。内外通称"小相公"，龚亦不之禁也。时龚以奉常寓湖上，杭人目为"人妖"。后龚竟以顾为亚妻。元配童氏，明两封孺人，龚入仕本朝，历官大宗伯。童夫人高尚，居合肥，不肯随宦京师。且曰："我经两受明封，以后本朝恩典，让顾太太可也。"顾遂专宠受封。呜呼！童夫人贤节过须眉男子多矣！

上海古籍出版社，2000 年

如烟

〔陈圆圆〕

一

少时看 98 版《鹿鼎记》，初见陈圆圆。

惊艳不已。

久知陈圆圆美名，等待陈圆圆出场一幕，当真是望穿秋水。乍现之时，仍是犹抱琵琶半遮面，昙花一现。终于得以一睹芳容后，这少年心事方才落定。当年，饰演陈圆圆的是 TVB 的梁小冰。在我对待女子样貌审美的私趣味当中，梁小冰不能算是国色美人，但出落得的确清净、水灵，倒也不失美人水准。

两年后，有了《小宝与康熙》，是台湾华视 2000 版《鹿鼎记》。当时，方才惊觉见着了真正的大美人陈圆圆。朱茵饰演。从儿时一部《射雕英雄传》里的蓉妹妹始，迷恋朱茵甚久。其人娇小玲珑，又美艳不可方物。姿色如画，唯一不足的也许是气韵不够。不过，她当真已算是我心目中好美的陈圆圆。

只是，陈圆圆不会恰好是相似的模样。

大约，更是灵动几分，更是雅静几分。清代文人陆次云在《圆圆传》说她"声甲天下之声，色甲天下之色"。最好的声音、最好的姿容二者都在她身，实难以想象她举手投足之间是怎样惊为天人。但直至今日，却极少见当时文人摹写其样貌的字章。

原因大概只有一个：

陈圆圆之美，令人词穷。

也是因少见史册记载的缘故，陈圆圆一生真相难寻。从出生背景到终年离世，坊间流传的少许字章也是版本各异。大都是文人作品和笔记小说当中偶有描说。不过，事之根本总是不变的——譬如她的美，譬如她与吴三桂。

十几岁时，读金庸的《碧血剑》，当中有几处写到陈圆圆之美。金庸不惜笔墨，洋洋洒洒千余言，只为写陈圆圆之美。可以想见的是，陈圆圆的美貌不是一家之说，是众口之言。见者倾心的容貌是什么样子的呢？虽说仁者见仁智者见智，但陈圆圆一出，总无差池。

所谓"惊为天人"大概就是这个意思了。

二

陈圆圆，《明史》当中称之为陈沅，字畹芬，小字圆圆。明常州武进人。大约生于明代天启三年至天启五年间（公元1623 至 1625 年），卒年不详，约是清代康熙二十年（公元1681 年）。关于陈圆圆的身世，大致有两种说法。

第一说。陈父是售卖杂货为生的"货郎"。《武进县志》记："圆圆，金牛里人，陈姓氏，父业惊闺，俗称陈货郎"。陈父虽是货郎，却尤爱曲艺，倒是风雅。虽家境普通，但也略有积蓄，陈父时常邀请戏子入家唱戏。后来，甚至供养了一批戏子在家中。

最难的事是热爱。热爱一个人、一件事皆是如此。总是不计代偿，甚至舍命拼死。今日有陈父为曲艺倾家荡产，来日里便有吴三桂的"冲冠一怒为红颜"。陈父散尽积蓄，为的不过就是日日听曲儿。唯一好的是，陈圆圆自幼耳濡目染，有了唱戏唱曲的根基。

根基这个东西也是难得。跟天赋一样，是后天难以弥补的。陈圆圆虽不算是曲艺世家，但也是在曲艺声中长大的女子。来日里，自然要比旁人唱得更婉转动听。

后来，陈家败了，陈父无力供养女儿，便将其送往姨母家中。陈圆圆的姨母是个"养瘦马"的人。就是领养幼女，待其长大再卖给别家做妓做妾。就是所谓"人贩子"的意思了。跟随姨母，出落成大美人的陈圆圆自然是不会有好去处。

第二说。说陈圆圆，本姓是邢。家道中落邢父贫病而死之后被寄养到了姨父家中，改姓为"陈"。姨父是货郎，在这一说里，"陈货郎"非是其生身父亲，是养身姨父。陈货郎痴迷曲艺散尽家财变卖女儿的说法与前一种大抵是一致的。

生不能决定，但死可以。

仿佛生得好坏便是要决定一生一世似的。至少，之于陈圆圆而言，是这样的。出身贫良，又入贱籍，沦为歌妓。她可以决定的事情实在太少。以至于，后来的人生，虽觉美人攻于心计，但陈圆圆筹谋的也不过只是保全自己的微贱之躯，也不过只是一个安稳静好的下半生。

三

陈圆圆，幸有一副惊为天人的样貌。在苏州妓馆的生活，并不是那么糟。加之，彼时南戏风靡，自幼对南戏音律耳濡目染的陈圆圆唱戏的功力卓尔不群。一声声，一曲曲，陈圆圆便唱出了自己的一片天地。她也会去秦淮河边献唱。一时间，艳名远播。

上至官僚士大夫和名士乡绅，下至市井村夫，人人都想一睹陈圆圆芳容，听一曲陈圆圆的戏。用冒辟疆的话说，陈圆圆之美是"淡而韵，盈盈冉冉，衣椒茧时背顾湘裙，真如孤鸾之在烟雾"。唱戏时，"以燕俗之剧，咿呀啁哳之调，乃出之陈姬身口，如云出岫，如珠在盘，令人欲仙欲死"。

陈圆圆与马湘兰是两个年代的人了。只是，纵岁月迁变，世间男女也不过只是改头换面重来一遭。乱世里，要伤心的依然伤心，要风流的依然风流，被辜负的仍被辜负。陈圆圆在如花年岁遇到的男人，并没有比马湘兰的好。

昔年，陈圆圆也曾短暂脱离贱籍。江阴官员贡修龄的儿子贡若甫对陈圆圆倾慕有佳。探亲途中路过苏州，得见陈圆圆美貌，沉迷不能自拔，遂用三百两银子为之赎身，娶回家中作妾。不想，纳妓为妾的事一早便传入贡父耳里。令贡父和贡若甫的正妻十分难堪。想着，大小也是正道官家，岂能容得下一名风尘妓女在侧。

贡父大怒。

待贡父亲见陈圆圆其人之后，也是甚为惊叹。天下竟有女子美貌至如此地步，可惜沦落烟花地。贡父一时竟心生怜惜。对贡若甫说道："此贵人！……纵之去，不责赎金。"身份微贱是摆脱不掉的枷锁，与人爱遇，皆受其所阻。

后来，她遇到了冒辟疆。

冒辟疆娶董小宛是后话。与陈圆圆的一段风流韵事之于他而言，仿佛是更值得用笔记下来怀念的。说到底，她日后成了历史上难以回避的女子，是在男人的历史当中也无法避开甚至左右了帝国走向的女子。成了一个传奇。

换作是旁人，大概也是会忍不住在暮年时候与人假装不经意地提及，当年，自己也曾与那个倾国倾城的女子相识相恋，有过一段往事。如此，仿佛自己的这辈子也是因之而不能被人轻视的。

也实在是世道太乱。她无法如马湘兰一般，爱淡情雅，了度一世。仕宦匪人觊觎其容貌欲夺之而去的消息一再传至耳边，陈圆圆唯能择木而栖，找到一处归宿，嫁作人妇，方有机会脱身是非。只是，这样的事，操之过急便难免遭遇一厢情愿的结局。

遇到冒辟疆的时候，她已是心急如焚。

与之相识，纯属意外。崇祯十四年（公元1641年），初春。冒辟疆赶赴湖南看望父亲，途经苏州。知陈圆圆曲艺才高，慕名来见。陈圆圆一曲《红梅》令冒辟疆心痴神醉。他见陈圆圆，说"蕙心纨质，澹秀天然，平生所觏，则独有圆圆耳"。所谓"初见倾心"，大概就是这样了。

彼时，世道正乱，觊觎陈圆圆美色的人不在少数，为防祸患，家世、出身、才名皆佳的冒辟疆的出现，之于陈圆圆而言，便也是意味重大。遂，二人便订下了八月赏桂之约。陈圆圆欲以身相许。未料，后来有个田弘遇，在距离陈圆圆与冒辟疆约期不过十日的时候，抢走了陈圆圆。

陈圆圆与冒辟疆，自此也便不了了之。

都是运命。

陈圆圆注定要在这乾坤里辗转、颠沛。所谓"匹夫无罪，怀璧其罪"，大概就是这样了。美貌这件事，成了陈圆圆终身难泯的罪。我猛然想到《芙蓉镇》里卖米豆腐的胡玉音被铁丝穿着乳房站在审评台上的样子。一阵心酸。哪怕是到了近代，甚至今时今日，美貌依然是一件危险的东西。

四

明末崇祯年间，天下大乱。

明朝末代皇帝朱由检登基之时，大明朝已式微，正是百孔千疮，苟延残喘之状。朱由检在位十七年，年号崇祯。即位后大力铲除阉党，勤于政事，节俭朴素，并六下罪己诏，也算是年轻有为。只是崇祯性格多疑，又刚愎自用。在位期间，关内农民起义猖獗，关外满清势力壮大，是真正处于内忧外患交集的无力境地。

彼时，崇祯帝后宫田妃得宠，田氏一族气焰嚣张。田妃父亲田弘遇因此骄奢淫逸，嚣张跋扈。因田妃所生皇子病逝，崇祯十四年，朱由检命田弘遇前往普陀山进香祈福。一路上，田弘遇为非作歹，劫财劫色，沿途所遇之财富美人皆被掳掠一空。

陈圆圆艳名在外，难逃劫数。

是年八月。田弘遇一行途经苏州，大肆劫掠。第一次，因姐妹相助，另一名苏州名妓被误认为陈圆圆而被掳走，是以躲过一劫。却不想余悸未消，田弘遇又卷土重来。此一次，陈圆圆未能逃脱，被田弘遇掳去京城，入了田府。

据说，当时有一麻衣乡绅昔日与陈圆圆交好。因陈圆圆倾慕者众多，得知陈圆圆被掳，此人便联合一出身仕宦之家的宋姓公子，集结百余人，手持枪刀，不计后果，硬生生从田府将陈圆圆抢出，并将她藏起。私以为，极可能是陈圆圆自己一手筹谋的此事。

只可惜，宋姓公子的父亲在朝为官，得知儿子犯下此事，生怕惹恼国丈大人，便负荆请罪，主动上门谢罪，并逮捕了犯事的一干人等。又逼迫宋公子说出陈圆圆藏身之地，将之交还田府。

若入了别家府第，倒也未必是件坏事。但是，田弘遇性情乖戾，对待女子，一如玩物，三两回后，便弃如敝屣。田弘遇好色人尽皆知，是以陈圆圆入了田府，也知此地不宜久留，非是一个可以安稳度日的久留之地。因此，入了田府，陈圆圆谨言慎行，伺机离开。

也是陈圆圆命不该绝于此。

后来，田妃病逝。田弘遇唯恐树倒猢狲散，怕田妃之死殃及田氏一族的地位，迅速将幼女也送入宫中。崇祯倒是对此女也甚是疼爱，甚至也曾想尽快册封纳入后宫，后因司礼监提出异议作罢。之后，陈圆圆也曾以歌姬的身份被送入宫中，纵有美貌歌艺，到底因身份寒微，不受崇祯爱顾。

复归田府。

之于陈圆圆而言，是绝望。

南方烟花女子流落京城，日日不能安睡。此时，北方战事一片混乱。崇祯十六年，清军在关内停留已长达半年之久。四月末，清军劫掠一番北上，回到关外。大明朝廷派出文官督战，邀击清军于螺山，竟又不战而逃。是时，那个叫作吴三桂的年轻将领率兵增援，屡屡挫伤清军。为人所知。

谁也无法料想，将来，这远在北方边关战场的骁勇之将会与京城田府里日夜思虑保全自己的南方小小歌姬有甚瓜葛。亦是难以猜度，明清两派外加农民起义军这三番势力，谁将主宰未来的未来。更不会有人想到，这个叫作陈圆圆的绝色歌姬，会与外面的世界跟历史的走向扯上关联。

陈圆圆自己也无力预想。

只能等待。

等待运命，将她和那个叫作吴三桂的男人连在一起。

五

吴三桂。

字长伯，一字月所。辽东人，祖籍南直隶高邮（今江苏高邮）。锦州总兵吴襄之子。父亲吴襄本是个文人，后来因后金侵犯，投笔从戎，官至辽东总兵，拥兵过万。吴襄之妻是辽东祖氏一族，吴三桂的舅舅祖大寿在史册上烜赫一时。祖家军是明廷最为善战的一支军事力量。

因着如斯家世，吴三桂的仕途也便十分顺利。十七岁时便已在军队里磨练。据说，有一日吴襄带兵与清军不期而遇，一战下来，吴襄被打得节节败退，最后被清军包围，命悬一线。吴三桂的舅舅祖大寿站在城楼之上见此形状，又身负封疆重任，也实在不敢轻举妄动。

倒是吴三桂勇猛，带了五百家丁，冲出城楼，飞一般冲入沙场与清军厮杀。吴三桂杀敌毫不含糊，迅猛毒辣。负伤找到父亲之后，又带着五百骑兵一路厮杀突围。果断不迟疑，令清军手足无措。清军多疑，又怕吴三桂此举是诱兵之计，只能咬牙放虎归山。

吴三桂在作战杀敌和领兵统帅方面的天赋一览无余。此一事，在祖家军的军营里，也一时传为美谈。都说他"孝闻九天，勇冠三军"。人人皆对这不及弱冠年岁的英勇少年爱赞有佳。崇祯八年，二十三岁的吴三桂官至前锋副将。崇祯十二年，吴三桂荫袭父官成为辽东总兵。

彼时，大明式微。领兵打仗与素日为人是两码事。吴三桂的才能是旁人难媲的。但同时，他又是个攻于心计私心很重的人。他心知大明气数已尽，便竭力想要保全自己和兵力。

崇祯十四年，明清松锦之战，吴三桂随大明将领洪承畴等人率兵与清军厮杀。清军多谋，明军遭遇埋伏，伤亡惨重。唯有吴三桂与大同总兵率部逃跑，弃洪承畴等人不顾，连夜逃至宁远。致使松山、锦州等城连连失守。洪承畴等人被迫降清，大明辽东防线土崩瓦解。

吴三桂等人一时惹朝廷上下非议不浅。但大明可用兵力不多，崇祯皇帝依然要指望吴三桂受伤的兵力助他做最后的抵抗。因此，崇祯对吴三桂只是略加薄惩，小惩大诫。两年之后，崇祯召吴襄入京，名义上是提升吴襄至京营提督的官位，实则是为了将吴襄留在身边以牵制边关手握重兵的吴三桂。

是年，清军再度入关，袭掠京畿一带，危逼京城。幸有吴三桂，率部与清军殊死一搏，虽然双方互有死伤，未能告捷，但已是重伤清军，保全了京城。是以，崇祯特地设宴武英殿，犒劳吴三桂一干人等。一时间，吴三桂成了炙手可热的红人。是各路权贵争相巴结的对象。

田弘遇亦不例外。

明清局面紧张的同时，农民军也趁势嚣张。随时有袭掠京城的可能，如田弘遇之流日日心惊胆战，生怕避祸乱不及。是在此时，陈圆圆动了心思。而今，这浊乱之天下，要保全一弱质女子，连皇帝怕是亦不能，更遑论田弘遇。唯有一人，能保她平安和周全。

吴三桂。

因此，陈圆圆便不时与田弘遇提及此人。陆次云的《圆圆传》虽细节之真伪难辨，但此处写得精彩。陈圆圆对田弘遇说："当世乱而公无所依，祸必至，曷不缔交于吴将军，庶缓急有藉乎？"说这乱世没有一个强大的靠山是万万不能的。不如与吴三桂相交，以求平安。

巴结吴三桂的人不少，田弘遇担心为时已晚。陈圆圆说，不晚。又说，听传吴三桂久闻田府歌姬舞女出众，却未曾亲见，平日里田国丈一人独享，倒不如借花献佛，邀吴三桂了却小小夙愿，以笼络之。怕田弘遇犹豫，陈圆圆甚至搬出旧年绿珠石崇一事来劝，保命要紧，区区歌舞不足挂齿。说，若诚意相邀，吴三桂定不会拒之千里。

陈圆圆巧言令色，促成此事。

身为女子，就算不能决定出身，不能决定前程，也不能决定爱遇情离，就算被撕毁了前半世，但起码，可以谋得后半生的平静和安稳。陈圆圆的这一点心计，是为了生存。她不过只是想要活下去，尽可能地好好活下去。

她与他初见时，光阴暴烈，惟爱端然。

那日，吴三桂来田府，戎装在身，庄重肃穆。令人生畏。田弘遇紧随其后，亦步亦趋，生怕有哪句话说得不恰当，哪件事做得不体贴。席间是小心又小心地体恤。饭毕，吴三桂便觉已是给足了国丈面子，打算离开。田弘遇见状连忙告之歌舞已备好，在家中密室，等候吴三桂大驾。

竟不想，若干歌姬舞女，个个姿色秀丽出众，挑弄丝竹，倒果真有令吴三桂一身疲惫略舒之效。坐定之后，忽有一女子淡淡而出，情艳意娇，领众女子低吟浅唱，悠悠起舞。当真是令吴三桂暗暗惊赞，"此女只应天上有"。这就是陈圆圆了。

初见吴三桂，陈圆圆大概也是喜出望外。不想，骁勇善战盛名在外的武将竟生得如此眉清目秀，端然有致。昔日读书，读到吴三桂，说他少年还曾跟随董其昌学习绘画书法，身材亦不似寻常武将伟岸健壮，且五官秀气。

大抵还是因着祖籍江南的缘故。他哪里是一个厮杀战场、肉搏劲敌的粗人，分明像一个满腹诗书有八斗之才的俊俏书生。起码，有那么一刹那，陈圆圆会恍然觉得，假如此生可以不提生计，自己也是可以好好去爱的吧。

见陈圆圆，吴三桂亦是心花怒放。

他一改平日端严，脱去戎服，换上狐皮大衣，神移心荡。又对田弘遇说，"有如此国色美人藏在家中，逢遇这乱世，难道不会有所惶恐有所忌惮吗？"此语一出，当真是吓到了田弘遇。觊觎美人之心毫不掩饰。田国丈一时间，竟不知如何应答，连忙命陈圆圆上前劝酒。

不料，陈圆圆如燕身躯俯身刹那，便在吴三桂耳边表达了想要离开田府的意愿。陈圆圆说："红拂尚不乐越公，矧不追越公者耶？"红拂的故事昔日写过，大抵与陈圆圆的身世经历也有几分相似。出身困苦，沦落风尘，后辗转至杨素府上，当了一名侍婢。后与李靖相遇相知相爱，并与之私奔。

陈圆圆说，红拂尚且不爱杨素，更何况自己的身边是一个远不如杨素的男人呢？话外之音明显，她是想要吴三桂带她走。吴三桂机智过人，这小女子的心意他又怎么会猜度不出。听到陈圆圆的话之后，吴三桂朝她轻轻点了点头，示意领悟。

席间，敌军来犯，警报接踵而至。吴三桂不得不从这短暂的温柔乡里离开，重回沙场，点兵作战。临走时，田弘遇对吴三桂说："设寇至，将奈何？"吴三桂答："能以圆圆见赠，吾当保公家，先于保国也。"

敌军来犯，田弘遇紧张，请求吴三桂庇护。吴三桂言简意赅：陈圆圆送给我，自当保全你田家上下，甚至先于保家卫国。田弘遇不得不应承此事。承诺来日将陈圆圆送至吴三桂府上。

她与他的初相见，为陆次云《圆圆传》所记，皆是算计、安排与承接，听上去是有些煞了风景。想象中，应该比这样的情形来得温柔、曼妙。甚至应该有一种心有灵犀的惊喜。或是，两两望去，一笑定终身的浪漫。历史、现实总是少了一些缱绻绵长，多了一些破碎惆怅。

六

崇祯十七年。

在距离吴三桂离开田府半年之后，田弘遇将陈圆圆送到了吴府吴三桂的父亲吴襄身边。彼时，吴襄已被崇祯调至京城任职，以挟吴三桂。因吴三桂在外征战，陈圆圆未能相伴。也是因这阴差阳错的缘故，陈圆圆的运命再被更改，连明清历史也大动干戈。

是年，李自成在西安建立"大顺"政权，年号"永昌"。建国同年，大顺军东征明朝，一路势如破竹。三月十七日，大顺军围攻京城。十八日晚，崇祯与贴身太监王承恩登上景山，远望城外烽火连天，连连哀声长叹，踌躇徘徊，久久无语。

崇祯知道，大明江山是毁在他手里了。

回宫之后，崇祯写下诏书，命成国公朱纯臣统领诸军，辅助太子朱慈烺。又命周皇后、袁贵妃等人自缢。并挥刀砍断了十五岁长平公主的右臂。想到 99 年 TVB 版《碧血剑》里的长平公主阿九。佘诗曼饰演的长平公主真是美。当年的长平是否也曾孤注一掷深夜与父对峙。

随后，崇祯又逼死妃嫔数人。十九日凌晨，农民军杀入北京城。崇祯写下血书一封藏入衣襟，登上景山，自缢于寿皇亭。吴三桂领兵在宁远城与清兵殊死搏斗之时，农民军危逼京城，挞伐京畿一带。崇祯自杀，明朝告亡。

农民军入京之后，一面不向农民征粮纳税，但各路豪绅权贵不能幸免。为李自成立下汗马功劳的刘宗敏更是逼杀了无数财主官员。一面又大肆掳掠美人。第一美人陈圆圆在京，自然劫数难逃。刘宗敏征战沙场，为李自成打下江山，却不料，一失足，成千古恨。

刘宗敏得知陈圆圆在吴襄身边，便自作主张，拿下了吴襄，夺走了陈圆圆。而另一头，李自成正在竭力争取吴三桂的兵力。派大明降将唐通带四万两白银去山海关犒劳吴三桂众部。并许诺，登基之后，立将吴氏父子封侯。

吴三桂思虑再三，心知大明已去，单凭一己之力，负隅顽抗，也不过只是强弩之末。权衡利弊，吴三桂便应了李自成的招降。将山海关拱手让与唐通接管。尔后，便率大军一路往西，踏上入京面见新主的路。

世事诡谲。江山易主，注定不能姓李。路上，吴三桂遇到风尘仆仆带来口信的故人。吴三桂得知，李自成手下刘宗敏抓走了父亲，严刑拷打，逼父亲交出白银二十万两。听此消息，吴三桂震怒。竟不想，还有别的事情发生。故人又说，还有陈圆圆的事。

吴三桂大惊，急问何事。故人答道，陈圆圆被夺。一怒再怒。终不能忍。世人皆说他是叛贼，以之为耻。只是旁人说话轻易。害父之仇，夺爱之痛。国已不国，家也不成家。当下的当下，弃父亲与陈圆圆不顾，他可以当世人的英雄，当历史的好人。

但他，没有。当英雄容易，当叛贼最难。他心中仇痛，谁人又能知道呢？他一句："大丈夫不能保一女子，何面目见天下人！"于是，便有了吴伟业那一句"冲冠一怒为红颜"。

率兵调转，回奔山海关，将八千大顺军打得伤亡惨重。夺回山海关。本以为江山在手的李自成听闻此事，怒无可言。率十万大军亲征，誓要摧毁吴三桂一部。是年，四月二十一日，吴三桂与大顺军交手，初战惨烈，互有伤亡。

吴三桂见势，火速向清军议和，请求援助。接到议和信的多尔衮趁势落井下石，抵达之后，作壁上观。对吴三桂的救援请求置之不理。无奈之下，吴三桂只能亲赴清军兵营，剃发降清。如此，多尔衮方才同意发兵，与吴三桂联手，击败大顺军。

李自成率残余军队逃离的途中，于范家庄杀死了吴襄。回到北京，仓促登基之后，又诛杀了吴氏三十四口人。后，火速离京。吴三桂穷追不弃，大顺军无奈便弃尽所掠辎重妇女。后来，吴三桂从李自成手中夺走了被掳的太子。而今，清军入关，拥立太子是没有指望了。

被大顺军夺走的陈圆圆，也在随部逃离京城的途中，被遗弃在路上。是在距离京城两百多公里的定州，他在支离破碎的难民队伍中，找见了她。那时候，颠沛流离衣衫褴褛的陈圆圆大约只是想着，此生此世，许就只能这样潦草收场，死于荒野了。

是在一种孤绝无望的境地里，她又看见了他。叛臣贼子的帽子，他带了。全家三十四口，也已挽救不回。唯独，陈圆圆，生不见人死不见尸，纵是掘地三尺，他也是要将她寻回的。大概是命册早已写定，这一生，他是注定要兴衰于这个叫作陈圆圆的女子的手上的。

他是，宁负汗青，不负红颜。

蛾眉马上传呼进，
云鬟不整惊魂定。
蜡炬迎来在战场，
啼妆满面残红印。

史册里写的是，吴三桂派部下一寸一寸搜索，将她寻回。带到面前。彼时，陈圆圆会如何看他？世人皆在唾骂，可是眼前的人，分明是唯一可以救得了她并从未辜负她的。他背叛了世界，但唯独，不曾负她。且不论爱与不爱，单凭这一点，她便不能像世人一样，横眉冷对地待他。

世间相遇，皆是重逢。

七

吴三桂的后半生，戎甲在身，毁誉参半。

直至吴三桂对大清国的降而复叛，令他此生名声坠地，下生下世也难正名。但对陈圆圆，他是举目见明媚，问心无愧。此一世，虽姬妾若干，但吴三桂独爱陈圆圆。甚至，落居云南，当了平西王，他依然不忘为她筑建一座"安阜园"。

安阜园，也叫"野园"。

清代前期昆明著名诗人王思训《野园歌》曰："浮云渺忽春城隈，乐游谁拟姑苏台。夷光未去走麋鹿，红墙碧树鸟栖哀。"原诗注云，"吴三桂筑野园滇城北，以处陈圆圆。穷极土木，毁滇人庐墓无算，以拓其地。缙绅家有名花奇石，必穿屋破壁致之，虽数百里外不恤也"。

不顾一切，只为她欢喜。

所谓"拱手河山讨你欢"用在此处亦不为过。之于陈圆圆，属于吴三桂的江山河海，他从来不吝给予。那年，他想要将她扶正，她不允。她说："回忆当年牵罗幽谷，挟瑟勾栏时，岂复思有此日。"是原本心中无爱，所以并不在意呢，还是爱他心切，不忍见他再受骂名？

后来，又有人说，陈圆圆看破红尘，出家为尼。是又一次地，谋算生计，欲求暮年安稳，才离开康熙皇帝的眼中钉肉中刺，还是只因，世事嚣扰，她心身劳顿，不愿在吴三桂身边累赘他的心与身呢？无论如何，他们终究还是走散了。

关于陈圆圆的终年，众口不一。有人讲，吴氏覆灭时，她与吴三桂的其他妻妾一同身亡。也有人如上所写，说她早早离去，一串念珠，一纸经文，青灯伴古佛，过完了下半生。

生是美人，颠沛一世。

流离舛错半辈子，能参透的世间道理陈圆圆也都差不多——了悟在心了。连江山王土也是朝不保夕，又何况你情我浓、男欢女爱呢？世间原本便没有那么多的不离不弃、生死相依。她一生一世都不曾平安，又哪里还有欲求指望谁的浓情深爱。纵有吴三桂珍视如宝，也弥补不了她千疮百孔、不再玲珑的心。

八

只是，我依然愿意相信：

那一年，她在流浪的路上被他寻到拾起的时候，是也曾真心地热爱过这个叫作吴三桂的男子的。陈圆圆，如烟一生，似幻似迷。多的是恋慕，多的是诋毁，多的是无尽之喧嚣、切肤之伤感。或许，她此生最大的梦想就只是：简单平淡，静好安稳。哪怕是默默无闻地，过完一辈子。

附

/ 陆次云 / 《圆圆传》

圆圆，陈姓，玉峰歌妓也。声甲天下之声，色甲天下之色。崇祯癸未岁，总兵吴三桂慕其名，赍千金往聘之，已先为田畹所得。时圆圆以不得事吴，怏怏也。而吴更甚。田畹者，怀宗妃之父也，年耄矣。圆圆度流水高山之曲以歌之，畹每击节不知其悼知音之希也。

甲申春，流氛大炽，怀宗宵旰忧之，废寝食。妃谋所以解帝忧者于父。畹进圆圆，圆圆扫眉而入，冀邀一顾。帝穆然也，旋命之归畹第，时闻师将迫畿辅矣。帝急召三桂对平台，赐蟒玉，赐上方，托重寄，命守山海关。三桂亦慷慨受命，以忠贞自许也。而寇深矣，长安富贵家胥皇皇。畹忧甚，语圆圆，圆圆曰：

"当世乱，而公无所依，祸必至。曷不缔交于吴将军，庶缓急有藉乎？"畹曰："斯何时，吾欲与之缱绻不暇也。"圆圆曰："吴慕公家歌舞有时矣！公鉴于石尉，不借入看，设玉石焚时，能坚闭金谷耶？盍以此请，当必来，无却顾。"

畹然之，遂躬迓吴视家乐。吴欲之而故却也，强而后至，则戎服临筵，俨然有不可犯之色。畹陈列益盛，礼益恭。酒甫行，吴即欲去。畹屡易席，至邃室，出群姬，调丝竹，皆殊秀。一淡妆者，统诸美而先众音，情艳意娇。三桂不觉其神移心荡也，遽命解戎服，易轻裘，顾谓畹曰："此非所谓圆圆耶？洵足倾人城矣！公宁勿畏而拥此耶？"畹不知所答。命圆圆行酒。圆圆至席，吴语曰："卿乐甚？"圆圆小语曰："红拂尚不乐越公，矧不逮越公者耶？"吴颔之。酣饮间，警报踵至，吴似不欲行者，而不得不行。畹前席曰："设寇至，将奈何？"吴遽曰："能以圆圆见赠，吾当报公家，先报国也！"畹勉许之。吴即命圆圆拜辞畹，择细马驮之去。畹爽然，无如何也。

帝促三桂出关。三桂父督理御营名骧者，恐帝闻其子载圆圆事，留府第，不令往。三桂去，而闯贼旋拔城矣，怀宗死社稷。李自成据宫掖。宫人死者半，逸者半。自成询内监曰："上苑三千，何无一国色耶？"内监曰："先帝屏声色，鲜佳丽。

有一圆圆者，绝世所稀，田畹进帝而帝却之。今闻畹赠三桂，三桂留之其父吴骧第中矣。"是时骧方降闯，闯即向骧索圆圆，且籍其家，而命其作书以招子也。骧俱从命，进圆圆。自成惊且喜，遽命歌，奏《吴歈》。自成蹙额曰："何貌甚佳，而音殊不可耐也？"即命群姬唱西调，操阮筝击缶，已拍掌以和之。繁音激楚，热耳酸心。顾圆圆曰："此乐何如？"圆圆曰："此曲只应天上有，非南鄙之人所能及也！"自成甚嬖之。

随遣使，以银四万两犒三桂军。三桂得父书，欣然受命矣。而一侦者至，询之曰："吾家无恙耶？"曰："为闯籍矣！"曰："吾至，当自还也。"又一侦者至，曰："吾父无恙耶？"曰："为闯拘絷矣！"曰："吾至当即释也。"又一侦者至，曰："陈夫人无恙耶？"曰："为闯得之矣！"三桂拔剑斫案曰："果有是，吾从若耶？"因作书答父，略曰："儿以父荫待罪戎行，以为李贼猖狂，不久即当扑灭。不意我国无人，望风而靡。侧闻圣主晏驾，不胜眦裂。犹意吾父奋椎一击，誓不俱生，否则刎颈以殉国难，何乃隐忍偷生，训以非义，既无孝宽御寇之才，复愧平原骂贼之勇，父既不能为忠臣，儿安能为孝子乎？儿与父诀，不早图贼，虽置父鼎俎旁以诱三桂，不顾也！"随效秦庭之泣，乞王师以剿巨寇，先败之于一片石。自成怒，戮吴骧，并其家人三十余口。欲杀圆圆，圆圆曰："闻吴将军卷甲来归矣！

徒以妾故，又复兴兵。杀妾何足惜？恐其为王死敌不利也！"

自成欲挈圆圆去，圆圆曰："妾既事大王矣！岂不欲从大王行？恐吴将军以妾故而穷追不已也。王图之，度能敌彼，妾即褰裳跨征骑。"自成乃凝思。圆圆曰："妾为大王计，宜留妾纵敌，当说彼不追，以报王之恩遇也！"自成然之。于是弃圆圆，载辎重，狼狈西行。是时也，闯胆已落，一鼓可灭。

三桂复京师，急觅圆圆。既得，相与抱持，喜泣交集。不待圆圆为闯致说，自以为法戒追穷，听其纵逸，而不复问矣。旋受王，封建苏台，营郿坞于滇南。而时命圆圆歌。圆圆每歌大风之章以媚之。吴酒酣恒拔剑起舞，作发扬蹈厉之容。圆圆即捧觞为寿，以为其神武不可一世也。吴益爱之，故专房之宠，数十年如一日。其蓄异志，作谦恭，阴结天下士，相传多出于同梦之谋。而世之不知者，以三桂能学申胥，以复君父大仇，忠孝人也，曷知其乞师之故盖在此而不在彼哉！厥后尊荣南面，三十余年，又复浪沸潢池，致劳挞伐；跋扈艳妻，同归歼灭，何足以偿不子不臣之罪也哉？

陆次云曰："语云：'无征不信。'圆圆之说，有征乎？"曰：'有。'征诸吴梅村祭酒伟业之诗矣。梅村效琵琶长恨体，

154 闲品秦淮八艳

作《圆圆曲》以刺三桂，曰：'冲冠一怒为红颜。'盖实录也。三桂赍重币，求去此诗，吴勿许。当其盛时，祭酒能显斥其非，却其赂遗而不顾，于甲寅之乱，似早有以见其微者。呜呼！梅村非诗史之董狐也哉。"

出处：《香艳丛书》九集

卷一《圆圆传》

团结出版社，2005 年

/ 吴伟业 / 《圆圆曲》

鼎湖当日弃人间，破敌收京下玉关，

恸哭六军俱缟素，冲冠一怒为红颜。

红颜流落非吾恋，逆贼天亡自荒宴。

电扫黄巾定黑山，哭罢君亲再相见。

相见初经田窦家，侯门歌舞出如花。

许将戚里箜篌伎，等取将军油壁车。

家本姑苏浣花里，圆圆小字娇罗绮。

梦向夫差苑里游，宫娥拥入君王起。

前身合是采莲人，门前一片横塘水。

横塘双桨去如飞，何处豪家强载归。

此际岂知非薄命，此时只有泪沾衣。

薰天意气连宫掖，明眸皓齿无人惜。

夺归永巷闭良家，教就新声倾坐客。

坐客飞觞红日暮，一曲哀弦向谁诉？

白皙通侯最少年，拣取花枝屡回顾。

早携娇鸟出樊笼，待得银河几时渡？

恨杀军书底死催，苦留后约将人误。

相约恩深相见难，一朝蚁贼满长安。

可怜思妇楼头柳，认作天边粉絮看。

遍索绿珠围内第，强呼绛树出雕栏。

若非壮士全师胜，争得蛾眉匹马还。

蛾眉马上传呼进，云鬟不整惊魂定。

蜡炬迎来在战场，啼妆满面残红印。

专征萧鼓向秦川，金牛道上车千乘。

斜谷云深起画楼，散关月落开妆镜。

传来消息满江乡，乌柏红经十度霜。

教曲妓师怜尚在，浣纱女伴忆同行。

旧巢共是衔泥燕，飞上枝头变凤凰。

长向尊前悲老大，有人夫婿擅侯王。

当时只受声名累，贵戚名豪竞延致。

一斛明珠万斛愁，关山漂泊腰肢细。

错怨狂风飏落花，无边春色来天地。

尝闻倾国与倾城，翻使周郎受重名。

妻子岂应关大计，英雄无奈是多情。

全家白骨成灰土，一代红妆照汗青。

君不见馆娃初起鸳鸯宿，越女如花看不足。

香径尘生乌自啼，屟廊人去苔空绿。

换羽移宫万里愁，珠歌翠舞古梁州。

为君别唱吴宫曲，汉水东南日夜流！

出处：《吴梅村全集》

上海古籍出版社，1990 年

绣佛

［卞玉京］

一

秦淮八艳当中谁人最美。

陈圆圆，当之无愧。

唯一能以美貌与陈圆圆相媲的女子，大概只有她一人——卞玉京。彼时，秦淮两岸便盛传"酒垆寻卞玉京，花底出陈圆圆"的说法。在余怀的《板桥杂记》当中，关于当时各路佳人的知名度排名，也有"李（香君）、卞（玉京）为首"的记载。

遗憾，这个词语实在伤人，却又在书写这些秦淮女子的人生篇章当中一而再再而三地不能避免。只是遗憾。美貌这件事，总是带来无可避及的困境。只是遗憾，卞玉京的一生，竟活成了另一个马湘兰——与君相别是路人，再见情消如梦生。

　　彩袖殷勤捧玉钟，

当年拚却醉颜红。

舞低杨柳楼心月，

歌尽桃花扇底风。

从别后，忆相逢，

几回魂梦与君同。

今宵剩把银釭照，

犹恐相逢是梦中。

二

世人皆唤她卞玉京。

其实，"玉京"一名是很久以后的事了。卞赛，才是她的本名，又字云装。她还有一个妹妹，叫卞敏。在鬓香钗影和翠袖红巾的秦淮岸边，姐姐卞赛和妹妹卞敏这一对两生花尤引人注目。二人性格也是迥异，卞敏热烈，卞赛沉静。

姐妹二人，皆是才貌俱佳。卞玉京尤甚。"知书，工小楷，能画兰，能琴。年十八，侨虎丘之山塘。所居湘帘棐几，严净无纤尘，双眸泓然，日与佳墨良纸相映彻。"

也不知是何缘故，秦淮女子独爱于兰，擅丹青者皆爱画兰。马湘兰如是。卞家姐妹也不例外。只是妹妹画兰，常是两三朵独艳，简洁夺目，一如其人之烈艳如火。卞赛不同，她的兰，总要配上如剑枝叶，纵横肆意，潇洒似有酒意。

对。卞赛爱酒。

钟情饮酒的女子，多半很寂寞。

彼时，卞赛艳名胜过妹妹。多半也是因着这疏豪磊落之酒。与往来男客，觥筹交错之下，多了几分亲近。但其实，卞赛为人冷傲，平日里寡言，不善酬对。也不与外人亲近，虽有交心的姐妹若干，但到底不是个热闹的人。是遇到了气味相投者，方才能够豁然大方，与人深谈、豪饮。

卞氏姐妹本是官宦人家的小姐，只是父亲早亡，无人顾养的姐妹花二人辗转流离，终是坠落风尘。一条寂寞不能言说的道路上，姐妹二人扶持共行，一路子了。卞敏早遇良人，脱身苦海，卞赛本以为姐妹二人起码有一个如愿从良能度安稳一生。竟不想，到最后，与自己依然是殊途同归。

出家的出家，流亡的流亡。

卞敏虽不如姐姐名盛，但也是少有的美人。加之其人热烈，不似姐姐冷傲。有心人也多愿与之来往。因此，她有幸遇到了自己的命中良人，申维久。申维久是仕宦子弟，祖父曾是明朝宰相。申家是簪缨世族，久受国恩。申维久也是少有才名，俊雅风流。

二人遇到，互见钟情。申维久独有主见，纳之为妾不是易事，但他痴心难改。是以，卞敏入了申家，离了贱籍。但命运不宽厚，待她残忍。两人情浓不久，申维久罹患一场大病，不治身亡。申维久一死，出身青楼的卞敏在申家的际遇日不如前。

大夫人三两句便陷她于不义。说她犹似当年汉成帝宠妃赵合德。极尽其狐媚之能事，害了申维久。这个罪名真是不小。不多久，卞敏便被打发出了申家。幸而卞敏裙下之臣不少，离了申家，依然有人愿意藏之纳之，将她收留。

后，卞敏改嫁颍川氏。颍川氏是福建官员，这一嫁，非是因祸得福，反是祸不单行。跟随颍川氏去往福建之后，当地发生暴乱。颍川氏重演当年崇祯砍杀妃嫔一幕，怕终妻妾落入匪手，砍杀之。卞敏的结局，有人说死于此回祸乱，也有人说侥幸逃脱，却流离半世，终至，异乡病死。

总之，凄凉。

而卞赛呢？

较之妹妹的一生一世，仿佛是要幸运些。

仿佛而已。

三

崇祯十五年。

卞赛十九岁，居苏州虎丘。尚未去金陵。彼时，当地有个叫作吴继善的男子春风得意，欲往成都当知县。亲友便在南京水西门外的胜楚楼设宴，为之践行。并宴邀佳人为之助兴。卞赛应邀出席。

席上，不过是些你方唱罢我登场的虚情假意。卞赛不以为然。

只是做些分内的事，歌之，舞之，罢了。谁知，正是这一回的抛头露面，令她此生此世都有了挂念。席间，对她有意的男子不少，她一一不曾回应。唯独那人不同，沉稳，笃定，不轻佻。

在一群酒色之徒当中，他因此显得鹤立鸡群，与众不同。甚至有一些忧郁迷离的味道在。这令见惯了登徒浪子的卞赛心上一惊。这一惊，便惊出了些许好奇，乃至爱意来。本不擅酬对的卞赛竟一时心意开阔起来，与他说话。

酒过三巡，她磊落似男子。

微醺之下，她开始有意无意地开始给他暗示。也不知是何缘故，他竟佯装不知。最后，卞赛放下了性子，眼波流转，直勾勾问了一句："亦有意乎？"实在也不知是怎的，她竟生生对这初见又琢磨不得的男子着了魔。

他便是吴伟业。

是年，吴伟业三十三岁。

当日，宴席之主吴继善是吴伟业的堂兄。为堂兄践行是理所应当的，只是不曾想，会遇到卞赛。吴伟业，其人温吞敦厚，慢条斯理的性子里难免有一点怯懦，但这反倒对他做学问大有裨益。沉静的人，从来就不多。能够一心一意做好一件事，已是难得。

吴伟业，出生于公元 1609 年，年长卞赛十四岁。字骏公，号梅村。世称"吴梅村"。先世居江苏昆山，祖父一辈始迁江苏太仓。十四岁时已通经博古，尤爱"三史"。文章写得也是颇有质地，不趋俗。后来，受到复社领袖张溥的赏识，收为门生。成为张溥门下"十哲"之一。

吴伟业诗今存千余首，与钱谦益、龚鼎孳并称"江左三大家"。《四库全书总目》评论说："其少作大抵才华艳发，吐纳风流，有藻思绮合、清丽芊眠之致。及乎遭逢丧乱，阅历兴亡，激楚苍凉，风骨弥为遒上。"

其诗多是哀时伤事，极富时代感。近体诗、七律俱佳。而他的七言歌行更为出众。一首《圆圆曲》青史留名。

吴伟业的词作不多，但清丽哀婉，传诵也颇广。陈廷焯在《白雨斋词话》中评其词道："吴梅村词，虽非专长，然其高处，有令人不可捉摸者，此亦身世之感使然。"又说："梅村高者，有与老坡神似处。"

另有《梅村家藏稿》《梅村诗馀》，传奇《秣陵春》，杂剧《通天台》《临春阁》，史乘《绥寇纪略》等作品存世。

与王稚登、侯方域等人不同。吴伟业仕途顺遂。崇祯四年，二十二岁便高中进士，授翰林编修，后任东宫讲读官、南京国子监司业等职。科考那年，吴伟业高中榜眼，成了当朝首辅周延儒的门生。也因此，吴伟业在复社中的地位也迅速提升。

因首辅周延儒与次辅温体仁之间的矛盾甚深，而周延儒又与复社关系密切，且与吴伟业的父亲有一点交情，另外还与考官李继贞等人是同乡，因此，这些线索被对头温体仁掌握之后，周延儒跟吴伟业被告了一状。

纵不是政敌，换作旁人，大概也难免要猜疑，吴梅村高中榜眼是否暗藏猫腻。被告发之后，周延儒不平，直接将吴伟业的文章呈递于崇祯皇帝亲阅。所谓"身正不怕影子斜"，若吴伟业不是凭借真本事谋到这个前程，周延儒也断断是不敢请崇祯亲阅文章的。

阅毕。崇祯皇帝大悦。

亲批"正大博雅，足是诡糜"八字。

自此，吴伟业因祸得福，深得崇祯帝爱重。

同年八月。崇祯见吴伟业尚未婚娶，钦赐假期，准他归乡娶妻。这在历史上，也是不多见的。可见，这之于吴伟业来讲，是一件意义多么重大的事情。连吴伟业的老师张溥也写诗《送吴骏公归娶》相赠表达欣羡之心。

诗曰：

> 孝弟相成静亦娱，遭逢偶尔未悬殊。
> 人间好事皆归子，日下清名不愧儒。
> 富贵无忘家室始，圣贤可学友朋须。
> 行时襆被犹衣锦，偏避金银似我愚。

后来，出了一件事。

当年的大学士钱龙锡力挺袁崇焕得罪了魏忠贤，被罢官。后来，崇祯兴大狱，株连甚广，钱龙锡被牵连论死。事发之后，举朝上下，无一人进言。唯翰林侍讲学士、经筵展书官黄道周激于义愤，为钱龙锡辩冤。崇祯帝大怒，"以诋毁曲庇"，着令回奏。黄道周再疏辩解，被连降三级调用。但因他的缘故，钱龙锡方得不死。

崇祯五年，黄道周因病请求归休。将离京时，他第三次上疏谏言，曰："小人柄用，怀干命之心"，以致"士庶离心，寇攘四起，天下骚然，不复乐生"，建议崇祯"退小人，任贤士"，并举荐一批有才有志之士。疏上，获"滥举逞臆"之罪，削籍为民。

此时，吴伟业等人联名替黄道周鸣冤。崇祯震怒。但巧妙的是，另外六人一一获罪，唯独吴伟业免于追究。崇祯对他的器重，一再显露。所谓"皇恩浩荡"，莫过于此。

崇祯十二年。吴伟业奉旨赴河南禹州宣封延津、孟津二王。途中，得知母亲病重，宣封事毕便连忙赶回故里照顾母亲。吴伟业是孝子，父亲早亡，母亲是世上最令他顾念的人。

生之意义是什么？读余华的《活着》，我以为，生的意义就只是活，活着，活下去，好好地活。而最基本的一点是，要跟着自己的心活。

吴伟业的家境并不理想，不似钱谦益有物质资本。虽祖上也曾辉煌，但到吴伟业时，吴家已至寒素。全凭寒窗苦读，挣得今日前程，实属不易。他的人生只能全凭自己一腔热忱，用文章一字一字写出来。需要稳稳当当地走好。他是尽可能地要保全自己前程之安稳。

惧动荡，惧不安，惧反复无常。

也是因此，他没有办法给予卞赛感情上的确认，甚至回应。风月场，并不适合他。他对卞赛，能做的，便只能是倾君子之爱，不做他想。狎妓事小，娶之事大。他想要保全一个清洁无瑕的名声。听上去有些冠冕堂皇、道貌岸然的嫌疑。但是事实。

也有人说，吴伟业当年未能表意与卞赛修成正果，还有他性格怯懦的因素。当年，崇祯宠妃田妃的父亲国丈田弘遇途经江南掳掠美人。除了陈圆圆首当其中，被列入田国丈的美人名单，才色皆可与陈圆圆相媲的卞赛也难逃此劫。被田国丈看中的消息不胫而走之后，兴许，吴伟业有所忌惮也未可知。

那年，中途归家照顾母亲，母亲康复之后自己却元气大伤，积劳成疾，病倒。而朝廷上的事，他按捺不住心中正气，总难免要开口。却又实在不忍心令一再庇护自己的皇帝为难。最后，吴伟业便向皇帝说明情况，获准改任南京国子监司业。

留在南京，养病，赡母。

一住便是四五年。

这几年，是吴伟业人生当中最闲惬逍遥的时年。也是在这
期间，即崇祯十五年，他与卞赛初相见。纳兰容若那一首《木
兰花令·拟古决绝词柬友》，仿佛分明是写给他们二人的。

> 人生若只如初见，何事秋风悲画扇。
> 等闲变却故人心，却道故心人易变。
> 骊山雨罢清宵半，泪雨霖铃终不怨。
> 何如薄幸锦衣郎，比翼连枝当日愿。

四

初见一别，并未相诀。

他们以另外的方式相识、相知，交往了下去。以一种谦卑
并且沉默的姿势，保持着彼此之间的爱意。直至吴伟业离开南
京。与当年马湘兰与王穉登的故事，看上去别无二致。其实，
不同。马湘兰生活于安稳时年，避开了卞赛后半生舛错流离的
际遇。

崇祯十七年，鼎革之年。

天地巨变。

陈圆圆被田弘遇等人一抢再抢，董小宛日日惶恐不安、忧思成疾。都是前车之鉴。卞赛何去何从，没有人在意。纵此生遇爱又不能得，她也不甘沦为奸佞之玩物。但生，何其容易。周转思虑，卞赛决定，化身女道士，混迹在百姓当中，离开南京。

一身"黄絁"道服。
一把"绿绮"琴。
一个"玉京道人"的名号。

从往事烟云里孑孑而来。
往红尘更深处蹀躞而去。

自此，世上再无卞赛，皆唤她卞玉京。

纵如此，卞玉京从来不曾忘却过，昔年自己深爱过一个叫作吴伟业的男子。经年之后，吴卞重遇却未见。顺治七年，秋。吴伟业因事去往江苏常熟钱谦益的拂水山庄拜访。许是因着柳如是的缘故，二人无意谈及当年秦淮岸边花影重重。

是以说到了卞玉京。听到卞玉京入道的消息，吴伟业也只能感叹昔日那样冷艳、骄傲的一个女子，到底是被生活折磨得不成样子。后来，钱谦益便派人邀请卞玉京来庄上一聚。卞玉京也应承了下来。可是，来后却又只是躲在柳如是的房里，不愿现身。

是该以怎样的姿态来面对他呢？

她不知道。也是到了这个时候，卞玉京方才发现。曾以为日渐消淡的爱竟只是伪装躲藏起来，竟不曾少却一分一毫。可是如今的他早已不是当年温纯如赤子的人了，而她呢，也不再是昔年仿佛青春不去的绝色佳人了。

卞玉京说，来日吧。来日若再有缘，定会相见。吴伟业神伤。但也只能这样了。临走前，他写了四首诗留给卞玉京——《琴河感怀》四首。算是留给彼此一个念想。但其实，之于卞玉京而言，这是再多余不过的东西了。倒不如横眉冷对，划清界限，与往事相诀，就此别过，此生不复相见来得痛并爽快。

次年，春。二人终于相见于姑苏。在分别长达八年之久，吴伟业终于再次见到了卞玉京。这一回，卞玉京端然静定地坐到了他面前。不念过去，不提将来。只是弹了一曲，唱给他听。曲中也无有爱意，有的只是故国之伤，黍离之悲。

如同老友，不谈情不说爱，只聊光阴的故事，岁月的箴言。如此，当真是二人最好的久别重逢之再见面了。卞玉京大约是想着，自己下一个决心，此一见后，便是路人。过往爱之云烟，皆散尽不复现。与君长诀。

而这，也确是他们此生的最后会面。

五

那一头。

崇祯十七年。得知皇帝自缢、大明崩坍的吴伟业痛不欲生。虽痛，但不至死。身为复社成员，有人殉国，有人出家，但吴伟业两样都没有做。上有年迈老母是个因素。但论及死，吴伟业不甘。论及剃度为僧，吴伟业又是不愿。

也算正当好年华。时是三十五岁的他，原本应是宏图大展的年岁，可而今，半生颠沛，竟只沦落成亡国旧臣，百无一用。但若就此能安稳度过下半生也未尝不是坏事。这个道理，吴伟业是懂得。只是，恰巧此时，清廷注意到了他的存在。

昔年，深得崇祯厚恩的吴伟业对清廷来说有极大的利用价值。前有洪承畴、钱谦益等人迎降大清，若连吴伟业也归顺，对大清来讲，是一个最好的民心所向之范本。因此，清廷不断派人游说，让吴伟业归顺大清，重新入仕。

此事非同小可，吴伟业不得不思虑周全。自古忠孝难两全，吴伟业忧心拒绝清廷之后遭来横祸，连累母亲。以他的心性，能成全自己的只有做好文章。民族英雄，他当不了。大义伤亲的事，更是办不到。世事千万变化，为了身前身后名，害了母亲。万万不可。

顺治十年，吴伟业复仕为官。

无论后来，他遭受了多少诋毁、侮辱、践踏，换得母亲一朝平安，也是值得。由此带来的，所有生命难以承受之重，吴伟业也只能独自扛起，放进心里。与其说吴伟业贪慕虚荣、怯懦软弱，我倒更愿意理解成，孝字当头，其情可悯。

很久以后，在临死之前给儿子的遗书中，吴伟业这样写到当年复仕一事，说："荐剡牵连，逼迫万状。老亲惧祸，流涕催装，同事者有借吾为剡矢，吾遂落彀中，不能白衣而返矣"。

心中哀恸，俱表无遗。

当时，因复仕一事遭受骂名的侯方域甚至亲自致信吴伟业，告知慎重，又慎重。所谓一失足成千古恨的道理，人人都懂。但人生在世，有些委屈、骂名，终归还是要承受。哪怕最后的凄凉下场，一早便能一帧一帧地清晰看到。

复仕的吴伟业受秘书院侍讲。充修太祖、太宗圣训纂，做一些琐碎的文字整理工作。官位不高，事情不少。再以后，竟只能委任一个国子监祭酒的闲职。其实，如斯结局，有侯方域在前，吴伟业也是早已料到。而此生，前程上的事，便只能这样了。

顺治十四年。

年近五十的吴伟业辞官南归。

以老母病重为由南归的吴伟业，生活并不轻松。甚至是——千疮百孔。牵绊大半生的母亲终究还是病故，吴伟业之女又英年早逝，天不假年。崇祯十五年，儿女亲家又因贿结内监吴良辅被没收家产，入狱的入狱，充军的充军。

再因崇祯十八年的奏销案（清廷将上年奏销有未完钱粮的江南苏州、松江、常州、镇江四府并溧阳一县的官绅士子全部黜革，史称"奏销案"）之连累，几乎是倾尽毕生积蓄。所剩无几。而与此同时，因当年赴京为官背负叛臣之名，归乡之后也是饱受当地知识分子的责难。

生活，变得狼狈不堪。

六

四年前。

吴伟业不知，就在自己入京为官的那一年——卞玉京嫁了。嫁的是浙江一户世家子弟，名曰郑建德。哪有什么你情我爱，她不过只是流浪得累了，想要有个家罢了。风清月朗的人生，从坠落风尘那日便注定不会再有。有的将只是残酷的现实把她变得日益粗粝。

这一年，卞玉京三十岁。

虽风韵尚好，但她心已苍老。早已没有昔年风花雪月的娇俏。对郑建德也不太热情，后来索性将侍女也一并托付与丈夫。对郑建德来说，多个年轻貌美的女子侍奉自然不是坏事。侍女名叫柔柔，据说还给卞玉京的丈夫生下一个孩子。

后来，郑建德去世，卞玉京为柔柔也安排了上佳的去处。改嫁他人，也有了名分。只是不想，此人运命否极，遭来横祸，祸乱至死，柔柔也被没为官奴，发配边塞，下场凄惨。就这样，她一再流离，无枝可依。直到后来，卞玉京遇到了一个七旬名医，郑保御。

郑保御，字三山，晚年自号晓初道人。已是白发老者了。对卞玉京也不曾有非分之想。单单就是欣赏她、爱顾她。甚至，还为卞玉京另筑别院，赠以厚资。漂泊了半世的卞玉京能得遇此人，心中恩念深重。

郑先生信佛，与佛门中人来往密切。为报恩情，卞玉京在居室里诵经念佛，清心修行。并用尽三年光阴，每日以针刺舌，以血而书。抄了一部《法华经》赠予郑先生。写至此处，不禁鼻酸。生活是曾以怎样狰狞的面目恐吓她、蹂躏她，是以她需要用尽几生几世的心血诚意来报答这暮年之安稳。

但这样也好。

生无所求，唯愿岁月静好，现世安稳。

据说，后来她还曾与吴伟业在郑家见过。可是，时过境迁，物是人非事事休。一句你好，一个微笑，也就过去了。哪里还真的可以再有些什么缠绵难休的东西在呢？只是，说起来也还是伤感。是何时，她与他之间连一个美好的误会都没有了呢。

在与佛相伴的时光里，卞玉京越走越远，越走越缓，越走越静，直至走完这一生。人常说，前世五百年的回眸才换来今生的擦肩而过。卞玉京用尽一生力气，等待的人，或许原本便不是吴伟业，而是这个虽已年迈却心怀大善的郑先生。

康熙四年。

卞玉京安然离世。

终年，四十二岁。

七

卞玉京死后，葬于无锡惠山古镇只陀庵旁的锦树林中。不曾去拜访惠山古镇，也就无机缘去吊唁卞玉京。询问身边人，说那一座小小孤冢所在的锦树林具体位置是在惠山与锡山之间的映山湖旁。那么，改日是会抽出时间去看一看的吧。

后来，吴伟业去坟前看过她。还作了一首《过惠山锦树林玉京道人墓诗》。而他的晚年，也实在过得落魄。闲来无事，只能写书。晚年的吴伟业先后著成《春秋地理志》《春秋氏族志》。后来，花了半生时间写就的《梅村集》也付印。

康熙十年。

吴伟业病逝，并留下遗憾，去后不穿官服，只着僧袍，墓碑上亦只刻下"诗人吴梅村之墓"七字。是以到了这样的地步，一生结束，却连所有的过去也不忍回顾。生前，他背负的东西太沉重。死了，也就统统可以放下了。

带几首诗，等待下一世。

至于，你们的往事，不要再提。不提也罢。

附

／吴伟业／吴伟业诗选

琴河感旧（并序）

枫林霜信，放棹琴河。忽闻秦淮卞生赛赛，到自白下。适逢红叶，余因客座，偶话旧游。主人命犊车以迎来，持羽觞而待至。停骖初报，传语更衣，已托病疟，迁延不出。知其憔悴自伤，亦将委身于人矣。予本恨人，伤心往事。江头燕子，旧垒都非；山上蘼芜，故人安在？久绝铅华之梦，况当摇落之辰。相遇则惟看杨柳，我亦何堪；为别已屡见樱桃，君还未嫁。听琵琶而不响，隔团扇以犹怜。能无杜秋之感、江州之泣也！漫赋四章，以志其事。

其一

　　白门杨柳好藏鸦，谁道扁舟荡桨斜。
　　金屋云深吾谷树，玉杯春暖尚湖花。
　　见来学避低团扇，近处疑嗔响钿车。
　　却悔石城吹笛夜，青骢容易别卢家。

其二

　　油壁迎来是旧游，尊前不出背花愁。
　　缘知薄幸逢应恨，恰便多情唤却羞。
　　故向闲人偷玉箸，浪传好语到银钩。
　　五陵年少催归去，隔断红墙十二楼。

其三

　　休将消息恨层城，犹有罗敷未嫁情。
　　车过卷帘劳怅望，梦来携袖费逢迎。
　　青山憔悴卿怜我，红粉飘零我忆卿。
　　记得横塘秋夜好，玉钗恩重是前生。

其四

　　长向东风问画兰，玉人微叹倚阑干。

乍抛锦瑟描难就，小叠琼笺墨未干。

弱叶懒舒添午倦，嫩芽娇染怯春寒。

书成粉笺凭谁寄，多恐萧郎不忍看。

出处：《吴梅村全集》卷六

上海古籍出版社，1990 年

听女道士卞玉京弹琴歌

驾鹅逢天风，北向惊飞鸣。飞鸣入夜急，侧听弹琴声。借问弹者谁？云是当年卞玉京。玉京与我南中遇，家近大功坊底路。小院青楼大道边，对门却是中山住。中山有女娇无双，清眸皓齿垂明珰。曾因内宴直歌舞，坐中瞥见涂鸦黄。问年十六尚未嫁，知音识曲弹清商。归来女伴洗红妆，枉将绝技矜平康，如此才足当侯王。万事仓皇在南渡，大家几日能枝梧。诏书忽下选蛾眉，细马轻车不知数。中山好女光徘徊，一时粉黛无人顾。艳色知为天下传，高门愁被旁人妒。尽道当前黄屋尊，谁知转盼红颜误。南内方看起桂宫，北兵早报临瓜步。闻道君王走玉骢，犊车不用聘昭容。幸迟身入陈宫里，却早名填代籍中。依稀记得祁与阮，同时亦中三宫选。可怜俱未识君王，军府抄名被驱遣。漫咏临春琼树篇，玉颜零落委花钿。当时错怨韩擒虎，张孔承恩已十年。但教一日见天子，玉儿甘为东昏死。羊车望幸阿谁知？青冢凄凉竟如此！我向花间拂素琴，一弹三叹为伤心。暗将别鹄离鸾引，写入悲风怨雨吟。昨夜城头吹筚篥，教坊也被传呼急。碧玉班中怕点留，乐营门外卢家泣。私更装束出江边，恰遇丹阳下渚船。翦就黄絁贪入道，携来绿绮诉婵娟。此地繇来盛歌舞，子弟三班十番鼓。月明弦索更无声，山塘寂寞遭兵苦。十年同伴两三人，沙董朱颜尽黄土。贵戚深闺陌上尘，吾辈漂零何足数！坐客闻言起叹嗟，江山萧瑟隐悲笳。莫将蔡女边头曲，落尽吴王苑里花。

出处：《吴梅村全集》卷三

上海古籍出版社，1990 年

过锦树林玉京道人墓（并序）

玉京道人，莫详所自出，或曰秦淮人。姓卞氏。知书，工小楷，能画兰，能琴。年十八，侨虎丘之山塘。所居湘帘棐几，严净无纤尘，双眸泓然，日与佳墨良纸相映彻。见客初亦不甚酬对。少焉谐谑间作，一坐倾靡。与之久者，时见有怨恨色，问之辄乱以它语。其警慧虽文士莫及也。与鹿樵生一见，遂欲以身许。酒酣拊几而顾曰："亦有意乎？"生固为若弗解者，长叹凝睇，后亦竟弗复言。寻遇乱别去，归秦淮者五六年矣。久之，有闻其复东下者，主于海虞一故人。生偶过焉。尚书某公者，张具请为生必致之，众客皆停杯不御，已报曰至矣。有顷，回车入内宅，屡呼之终不肯出。生悒怏自失，殆不能为情。归赋四诗以告绝，已而叹曰："吾自负之，可奈何！"逾数月，玉京忽至，有婢曰柔柔者随之。尝著黄衣，作道人装，呼柔柔取所携琴来，为生鼓一再行，泫然曰："吾在秦淮，见中山故第有女绝世，名在南内选择中。未入宫而乱作，军府以一鞭驱之去。吾侪沦落，分也，又复谁怨乎？"坐客皆为出涕。柔柔庄且慧。道人画兰，好作风枝婀娜，一落笔尽十余纸，柔柔承侍砚席间，如弟子然，终日未尝少休。客或导之以言，弗应；与之酒，弗肯饮。逾两年，渡浙江，归于东中一诸侯。不得意。进柔柔奉之，乞身下发，依良医保御氏于吴中。保御者，年七十余，侯之宗人。筑别宫资给之良厚。侯死，柔柔生一子而嫁，所嫁家遇祸，莫知所终。道人持课诵戒律甚严。生于保御，中表也，得以方外礼见。道人用三年力，刺舌血为保御书《法华经》，既成，自为文序之。缁素咸捧手赞叹。凡十余年而卒。墓在惠山祇陀庵锦树林之原，后有过者，为诗吊之曰：

龙山山下茱萸节，泉响琤淙流不竭。

但洗铅华不洗愁，形影空潭照离别。

离别沉吟几回顾，游丝梦断花枝悟。

翻笑行人怨落花，从前总被春风误。

金粟堆边乌鹊桥，玉娘湖上蘼芜路。

油壁曾闻此地游，谁知即是西陵墓。

乌桕霜来映夕曛，锦城如锦葬文君。

红楼历乱燕支雨，绣岭迷离石镜云。

绛树草埋铜雀砚，绿翘泥浣郁金裙。

居然设色倪迂画，点出生香苏小坟。

相逢尽说东风柳，燕子楼高人在否？

枉抛心力付蛾眉，身去相随复何有？

独有潇湘九畹兰，幽香妙结同心友。

十色笺翻贝叶文，五条弦拂银钩手。

生死旃檀祗树林，青莲舌在知难朽。

良常高馆隔云山，记得斑骓嫁阿环。

薄命只应同入道，伤心少妇出萧关。

紫台一去魂何在，青鸟孤飞信不还。

莫唱当时渡江曲，桃根桃叶向谁攀？

出处：《吴梅村全集》卷十

上海古籍出版社，1990 年

鸳湖曲

为竹亭作

驾鸯湖畔草粘天，二月春深好放船。

柳叶乱飘千尺雨，桃花斜带一溪烟。

烟雨迷离不知处，旧堤却认门前树。

树上流莺三两声，十年此地扁舟住。

主人爱客锦筵开，水阁风吹笑语来。

画鼓队催桃叶伎，玉箫声出柘枝台。

轻靴窄袖娇妆束，脆管繁弦竞追逐。

云鬟子弟按霓裳，雪面参军舞鹧鸪。

酒尽移船曲榭西，满湖灯火醉人归。

朝来别奏新翻曲，更出红妆向柳堤。

欢乐朝朝兼暮暮，七贵三公何足数？

十幅蒲帆几尺风，吹君直上长安路。

长安富贵玉骢骄，侍女薰香护早朝。

分付南湖旧花柳，好留烟月伴归桡。

那知转眼浮生梦，萧萧日影悲风动。

中散弹琴竟未终，山公启事成何用？

东市朝衣一旦休，北邙坯土亦难留。

白杨尚作他人树，红粉知非旧日楼。

烽火名园窜狐兔，画阁偷窥老兵怒。

宁使当时没县官，不堪朝市都非故。

我来倚棹向湖边，烟雨台空倍惘然。

芳草乍疑歌扇绿，落英错认舞衣鲜。

人生苦乐皆陈迹，年去年来堪痛惜。

闻笛休嗟石季伦，衔杯且效陶彭泽。

君不见白浪掀天一叶危，收竿还怕转船迟。

世人无限风波苦，输与江湖钓叟知。

出处：《吴梅村全集》卷三

上海古籍出版社，1990 年

/余怀/《板桥杂记·卞赛》

卞赛，一曰赛赛，后为女道士，自称玉京道人。知书，工小楷，善画兰、鼓琴，喜作风枝袅娜，一落笔，画十余纸。年十八，游吴门，侨居虎丘。湘帘棐几，地无纤尘。见客，初不甚酬对；若遇佳宾，则谐谑间作，谈辞如云，一座倾倒。寻归秦淮。遇乱，复游吴。梅村学士作《听女道士卞玉京弹琴歌》赠之，中所云"昨夜城头吹觱篥，教坊也被传呼急。碧玉班中怕点留，乐营门外卢家泣。私更妆束出江边，恰遇丹阳下诸船。剪就黄绸贪入道，携来绿绮诉婵娟"者，正此时也。在吴作道人装，然亦间有所主。侍儿柔柔，承奉砚席如弟子，指挥如意，亦静好女子也。逾两年，渡浙江，归于东中一诸侯。不得意，进柔柔当夕，乞身下发。复归吴，依良医郑保御，筑别馆以居。长斋绣佛，持戒律甚严，刺舌血，书《法华经》以报保御。又十余年而卒，葬于惠山祇陀庵锦树林。

出处：《板桥杂记》（外一种）

上海古籍出版社，2000 年

玉凋

［李香君］

一

南京夫子庙，来燕桥南端，有一处老屋。

江南风貌。河厅河房式建筑。三进两院。院内有丹桂、藤萝若干。又见蕉影婆娑。并有玲珑太湖石与之相映成趣。又有思远堂、话雨轩。轩后是妆楼。穿梭其中，仿佛时光在倒流。一直淌回明末清初的时候。这一处，便是"李香君故居"。在李香君故居处，可见这样一首诗：

> 梨花似雪柳如烟，春在秦淮两岸边；
> 一带妆楼临水盖，家家粉影照婵娟。
> 白骨青灰长艾萧，桃花扇底送南朝；
> 不因重做兴亡梦，儿女浓情何处消。

语出孔尚任的《桃花扇》。而今，秦淮河边桨声不在，灯影犹存。往来行客至此，多半是慕秦淮八艳之名。而八艳之中，李香君，则是当地伴装文化人的商贩们最热衷与摩肩接踵的游人忆说的女子。但其实，了解她的人，又有多少呢？

今次，我亦不过只是借一支拙笔，写一写从故纸堆里读来的皮毛。以此，指望自己有幸能与岁月深处沉默不语的人情和风物，靠近几许。能与轴卷之中的美人，能与李香君有隔着三千纱笼的一点缘分。

二

她的故事要从其养母说起。

养母名叫李贞丽，秦淮名妓。字淡如。其人美艳，又有男子一般豪侠之气，为人磊落大方，不拘小节。常与往来男宾把酒演歌，撸袖豪赌，输千金而不动声色。与当时被称为"明末四公子"之一的陈贞慧交好。

南方女子天生秀丽。若娇美的外表之下藏着一颗烈烈如火的心，女子如是，则最是迷人。所谓，动静皆宜，便是如此。淡静的容貌，疏豪的举止，既可以是温柔佳人风雅在侧，也可以是举杯共论鲲鹏的知己亲朋。李贞丽的艳名，始于磊落。

明末，世事消歇，国之将亡。历史上改朝换代的间隙，总是民不聊生。唯独江南，唯独秦淮河畔，繁华残留一抹。红牙檀板，舞衫歌扇，成了士子文人们最后的慰藉。妓女的社会职能也不似昔年那么单一，每个人都变得激烈昂扬。心怀经世之志。

其时，与李贞丽往来的多是正义为姓、节操为名的东林党人和复社子弟。以光复大明和铲除卑劣奸党为己任。所谓"人以群分"，李贞丽对来客的人品跟名声看得格外重要。在这样的女子身旁长大，李香君女随母心，势必也会变得勇毅不凡。权奸之人，纵一掷千金，也断不与之为伍。

李贞丽又有一副好嗓子，传奇小调皆擅。对李香君的教养也自然脱离不开自己的审美趣味。因此，自幼，李香君便跟随南京的曲艺大师周如松学习演歌。又有美貌相佐，"肤理玉色，慧俊宛转，调笑无双"，当真是佳人难得。

资质上佳的李香君，颇得师傅看重。传授技艺，分毫不虚。日后，李香君，在唱戏方面极是出色。歌声之清越婉转，一时间难有人可与之相媲。她尤擅汤显祖的《玉茗堂四梦》。也叫

《临川四梦》。包括《紫钗记》《还魂记》《南柯记》和《牡丹亭》四出戏。

写《板桥杂记》的余怀对李香君也是倾慕有佳。曾有诗爱赞李香君。诗曰："生小倾城是李香，怀中婀娜袖中藏。何源十二巫峰女，梦中偏来见楚王。"后来，书法家魏子中还将此诗抄录在李香君居室的挂壁之上，又有画家杨友龙依诗作画，绘幽兰奇石于上。一诗一书一画，时称"三绝"。

一时间，李香君的艳名无人不知。

只是，那时候，她还只是热烈的小小女子。从养母处习得的东西纵然再丰盛，也抵不过一样——爱之阙如。世间女子，不历经一二男子，总难免辜负了浮世清欢。不遇见那个人，也就永不会有孔尚任的经典戏剧《桃花扇》。

他是，侯方域。

是从与他相识，李香君的传奇故事方才有了开始。

三

彼时，有"明末四公子"。

分别是：

陈贞慧、侯方域、方以智、冒辟疆。

四人当中，侯方域最年轻，比最长的陈贞慧小十四岁。出生于公元 1618 年，字朝宗，河南商丘人。是官宦世家子弟。父亲侯恂、叔父侯恪都是东林党人，因反对奸宦魏忠贤被罢黜免官，自此家道中落。

但侯方域少时便有才名，后著有《壮悔堂文集》《四忆堂诗集》。与魏禧、汪琬合称"清初三大家"。家世、才华、风仪，他皆有。崇祯十二年，侯方域来到南京应乡试，欲以此金榜题名，重振家风。后加入复社，与东南名士交游来往。

关于"复社"，江南大儒陆世仪在《复社纪略》当中有所阐述，明以八股文取士，读书人为砥砺文章，求取功名，热衷尊师交友，结社成风。江浙一带尤盛。

万历后期，明朝政治腐败。至天启年间更是宦官专权。阉党魏忠贤大权在握。江浙一带，由文人张溥、张采等人联络四方人士，集结成社，主张"兴复古学，将使异日者务为有用"，名曰"复社"。

复社带有浓烈的政治色彩，以东林后继自任，既代表"吴江大姓"等江南地主、商人的利益，又与这一带市民阶层的斗争相呼应。因此，有十分广泛而坚厚的群众基础。其成员多是青年士子，先后共计两千人，声势遍及海内。

他们大都饱怀政治热情，以宗经复古，切实尚用为号召，反对空谈，密切关注社会动态，积极参加政治斗争。成员的文字作品，旨在反映社会现实，揭露权奸宦官，同情民生疾苦，讴歌抗清伟业，抒发报国豪情。对民众来说，极富感染力。

纵是秦淮两岸烟光水色的卖笑女子也常常为其所动，与复社子弟连成一气。李香君则是当中最具代表性的一位。自然，这与养母李贞丽的言传身教有很大的关系。

在南京参加乡试期间，四公子来往甚密。乡试在南京城的江南贡院举行，一河之隔的对岸，就是声名在外的一带秦淮妓馆。自古文人多风流，在他们看来，耍弄文墨，若是没有美人在侧，这风雅之韵味也是减损过半了。

因此，出入妓馆，寻芳作乐是常事。

秦淮河畔，莫愁湖边。
几树垂杨，几家娇娘。

因逢科考，众才子集聚一堂。每每夜深，彼此之间的话题
总是越走越旖旎，终究是要谈论起哪家的妓馆里住着哪位新出
的姑娘为谁心仪。冒辟疆与董小宛的故事也始于此。也是在这
个时候，方以信将董小宛推荐给了冒辟疆。当然，这是另一段
故事。

在场的侯方域也不例外，他也希望能得一淑人共枕。此时，
便听张溥说对岸有座媚香楼。馆中住着陈贞慧的相好李贞丽，
李贞丽的身旁有个初出茅庐的小女子，叫李香君。出落得素丽
清雅，"能歌'玉茗堂'词，尤落落有风调"。

侯方域一听，便起了念头。

那一厢。对侯方域的大名，李香君是早有耳闻。从养母和
来往行客处知其家世清正，又儒雅有才学，和复社成员来往密

切，是个仪表堂堂的君子。待陈贞慧引见二人之后，李香君极少见地表现出了自己的热情和欢迎。

李香君本来也不作他想。她心知，青楼女子之于男子而言，是只能浅尝不能深醉的闲情罢了。没有料到的是，几番相处下来，她竟动了真心，侯方域待她也不似旁人，处处显露出一种仿佛是要与之山盟海誓的爱顾。

初见那日，他给她写了一首诗：

夹道朱楼一径斜，
王孙初御富平车。
青溪尽是辛夷树，
不及东风桃李花。

写在那把白绢团扇之上，赠予了她。

是为，定情。

这一年，李香君十六岁。

四

> 绰约小天仙，生来十六年。
> 玉山半峰雪，瑶池一枝莲。
> 晚院留香客，春宵月伴眠。
> 临行娇无语，阿母在旁边。

李香君，人美，戏好，但最擅长的是看人。她有一双慧眼，又自小跟随李贞丽迎见世间男子，对人的品性、格调，真情或是假意，总是能一眼洞穿。心思缜密如她，能对侯方域倾付真心，自然可见，侯方域待她，亦是不假。

果然。侯方域欲替她"梳拢"。

赎身不易，但梳拢不难。只要有钱就能办成的事。所谓"梳拢"，就是形同不正式的嫁娶。男方下彩礼，女方接受之后，自此此女在妓馆便只为男方一人所有，不再接其他男客。

只是，当时侯家已经败落，侯方域囊中羞涩，梳拢李香君的钱财一时间没有着落。不知道是从哪里听来的消息，明末清初的著名小人阮大铖得知了此事，便借侯方域友人杨友龙之手，送去了足够侯方域梳拢李香君的银子。

阮大铖，在柳如是的故事里是个配角，在李香君的故事里却扮演着一个举足轻重的角色。若是没有阮大铖，怕是李香君与侯方域的爱情故事也要平淡几分。原因在于，阮大铖的卑劣行径成了李香君品性最强有力的反衬。

阮大铖。

出生于 1587 年。字集之，号圆海、石巢、百子山樵。桐城（今安徽枞阳藕山）人。以进士居官，先依附东林党，后投向魏忠贤阉党，崇祯朝终以附逆罪罢官为民。明亡后在福王朱由崧的南明朝廷中官至兵部尚书、右副都御史，与马士英狼狈为奸，对东林、复社文人大加迫害。南京城陷落之后，阮大铖乞降于清。一生为世人所诟病。

1646 年，随清军攻打仙霞关，途中病死。

当时，社会处于大明崩塌之后，南明小朝廷成了之前的一段过渡时期。阮大铖因早年背叛东林党人投靠魏忠贤一流，为东林党人与复社子弟所不容。明亡之后，阮大铖落居南京。其时，阮大铖写的戏剧竟大受欢迎。才华，阮大铖是有的。

所作戏剧《春灯谜》《燕子笺》《双金榜》和《牟尼合》，合称"石巢四种"。张岱在《陶庵梦忆》当中盛赞阮大铖的戏"本本出色，脚脚出色，句句出色，字字出色"。而《燕子笺》犹是感人。冒辟疆在《影梅庵忆语》中写道："（《燕子笺》）曲尽情艳。至霍华离合处，姬（指董小宛）泣下。"

不过，才华与人品又是两码事。

东林党人和复社子弟对阮大铖的存在如鲠在喉。时时伺机想要将之正法。在侯方域抵达南京之前，便在陈贞慧的策划之下，草拟了《留都防乱揭帖》，揭发阮大铖各种罪状。但其实，阮大铖之恶，也未必果真到了如复社子弟所言说的地步。

彼时的话语权掌握在东林党人和复社子弟手中。《明史》当中也说，与之意见相左者，必要招来诟谇。甚至，连中立的态度也不免有小人之嫌。社会意见氛围之失控的趋向，可见一斑。

与东林党人和复社子弟的紧张关系，致使阮大铖在南京的生活十分不安。得知侯方域欲梳拢李香君而不得，阮大铖便见缝插针，逮住机会贿赂了侯方域。当形式依然是婉转、隐秘的。怕侯方域不接受自己的资助，便借旁人杨友龙之手转赠。

杨友龙以求诗为名，将银子赠予侯方域。

梳拢行李那日，侯方域带上重金、彩礼，来到李香君的妓馆。起初，李香君未看出端倪。直至见到杨友龙本人，李香君方才起疑。此时，在侯、李二人的逼问之下，杨友龙方才说明受阮大铖之托的真相。侯方域替杨友龙帮腔说了两句之后，李香君大怒。

说："公子读书万卷，所见岂能落后于贱妾？"

侯方域一听，不禁心头一热。叹今生能得遇此女子，便是无憾了。但也可能，侯方域并非毫不知情，大约是假装不知。以侯方域的见识不会不知道杨友龙的家世，如此阔绰的手笔定是有人驱使。但梳拢美人心切，他大约也是不愿深究的。

后来，侯方域落第。

岁月，不过是相遇又离别。李香君何尝不知。从一开始，她也曾寄望于某个男子。是直到遇见侯方域，她才有了"愿得一人心，白首不相离"的念想。但到底还是要分离。侯方域家有妻室，今次落第，铩羽而归。她哪里还忍心再顾自流连，做他的牵绊。

侯方域《李姬传》曰："姬置酒桃叶渡、歌琵琶词以送之，曰：'公子才名文藻，雅不减中郎。中郎学不补行，今琵琶所传词固妄，然尝昵董卓，不可掩也。公子豪迈不羁，又失意，此去相见未可期，愿终自爱，无忘妾所歌琵琶词也！妾亦不复歌矣！'"

花间一壶酒，叶上桃叶渡。

酒尽人散。

她将他送走。

五

侯方域一去不返。

但李香君痴心不改，执迷守身。

昔日里，因为梳拢一事，她得罪阮大铖不浅。后来，马士英等人坐拥福王建立了南明之后。阮大铖投靠马士英再次得势。南明昙花一现，也是命中注定。从一开始，拥立福王的一干人等便是心术不正。东林党人囿于门户之见，福王无所依傍，只能依靠武将。武将内讧，南明必毁。

阮大铖等人得势之后，也是无所作为，成日里想着的除了竭力敛财便是打杀东林党羽和复社子弟。先前得罪过他的人，多半劫数难逃。连李香君这个小小女子，也令他耿耿于怀，意欲谋害。

听闻李香君为侯方域守身，阮大铖便唆使同党淮阳巡抚田仰将之纳身为妾。重金彩礼上门，李香君不为所动，厉声拒绝。说，"田公岂异于阮公乎？吾向之所赞于侯公子者谓何？今乃利其金而赴之，是妾卖公子乎？"

是，为了此生相见未可期的侯方域，她拒绝了所有。说那日田仰来强娶，孔尚任的《桃花扇》更是浓墨重彩地铺陈了一笔。自然，它是文学作品，不足为信。但读起来，却又实在凄美至极。后人据此改编的传奇小说《桃花扇》里更是细致入微。写得是情真情细，令人哀伤。可惜作者不详，当真遗憾。

书中说，李香君自与侯郎相别，便推绝众人，终日在楼上守定诗扇，盼望侯郎回来。十月，田仰求亲不成，经阮大铖等人在马士英面前挑拨，一群走狗去往媚香楼抢亲。

杨友龙虽与阮大铖同流，但待李贞丽、李香君母女二人不薄。那日，是由他打头前来。抵达之后，是李贞丽开的门。走狗情急叫嚣，说马相爷的家人替田老爷来讨人。见此光景，李贞丽便将扯住杨龙友速速去了李香君楼上。

李香君知情后对杨友龙说，你平日待我们尚好，为何今日为虎作伥。杨友龙辩解道，不干他事，只是迫于马士英之淫威的无奈之举。并劝李香君还是速速收拾为妙。李香君闻言大怒，说道："杨老爷说哪里话？当日是你作媒，将奴嫁与侯郎，现有诗扇为证！"

说时，取出扇子伸向杨友龙。

又道："这首诗老爷也曾看过，难道忘了不成？我与侯郎既成夫妇，举案齐眉，固是万幸，即生离死别，亦当矢志靡他！如何再嫁人？以伤风化！"还未说完，楼下一干人便齐声催喊。见此情状，李贞丽跟杨友龙只能勉强李香君打扮。却不料李香君手持诗扇，一阵反抗。不及杨友龙将之抱定安稳好，她便向楼板上一头撞去，血溅团扇。

所谓：奸臣要泄旧愤，哪管美人花容?

后来，杨友龙也是心生恻隐，灵机一动，便让李贞丽假扮了李香君嫁去田府。李贞丽也是不情愿，说自己与女儿年纪不相若，但又实在无法了，心疼女儿要紧，便只能替女儿走上一遭。语毕，李贞丽连忙收拾完备，将马相爷替田老爷送来的彩礼交与李香君收存，再三叮咛嘱咐后与之相别。下楼，上轿，往田仰船上成亲。

所谓：一时舍了笙歌队，不知今夜伴阿谁?

李香君之贞烈，虽未必全如戏剧、小说所描摹得那般铿锵有力，但终究是有迹可循的。后世欣赏她的人不在少数，连大家林语堂说到李香君也是赞不绝口。关于李香君，林语堂在文章里这样写道：

"吾人又可观李香君之史迹，她是一个以秉节不挠、受人赞美的奇女子，她的政治志节与勇毅精神愧煞须眉男子。她所具有的政治节操，比之今日的许多男子革命家还为坚贞。盖当时她的爱人侯方域迫于搜捕之急，亡命逃出南京，她遂闭门谢客，不复与外界往来。后当道权贵开宴府邸，强征之侑酒，并迫令她歌唱，香君即席作成讽歌，语多侵及在席的权贵，把他们骂为阉竖的养子，盖此辈都为她爱人的政敌。正气凛然，虽然弱女子可不畏强权，岂非愧煞须眉？"

甚至，林语堂还为李香君作了一首歪诗——

　　香君一个娘子，血染桃花扇子。
　　气义照耀千古，羞杀须眉汉子。

　　香君一个娘子，性格是个蛮子。
　　悬在斋中壁上，教我知所管制。

　　如今天下男子，谁复是个蛮子。
　　大家朝秦暮楚，成个什么样子。

　　当今这个天下，都是骗子贩子。
　　我思古代美人，不至出甚乱子。

甚为有趣。

六

据侯方域《李姬传》所说，桃叶渡一别，此生二人再未相见。但孔尚任写《桃花扇》，不知为了将李香君的人物形象刻画得更立体，还是只为了了却一己私愿，他让她们在历史的另一度空间里，再相逢。说南明灭亡之后，二人重逢。经一张姓道士一声棒喝，这对痴男怨女便醒悟入道。出家去了。

还有一些版本，说二人毁扇相诀。大致说，两人再见时，是在李香君病中。侯方域已变节，委身参加大清科考，入仕为官。长辫乌纱，令李香君心灰如死。取扇，撕毁，与之长诀。

侯方域变节倒是确有其事。

毕竟，世道再变，水煮的日子总是不会决断的。用旁人的话说，"眼看着天崩地裂、山河破碎，痛感是有的，也许还动过采薇首阳的念头。久之，见天还是那个天，地还是那个地，鸡栖于埘，羊牛下来，老百姓的日子如流水，重重地颠簸了一下之后，依旧是晃晃悠悠地朝前淌去了。"

无论换了哪一朝，官依然是那么些官，老百姓依然要过白水青菜似的日子。那么，侯方域辗转一想，也终究是忍不住参加了大清的科考，入了仕途，做了新朝的官。只是可惜，官职太小，经世之志终是不能如愿。不久，侯方域便抑郁而终。

至于李香君的下落，不明。

我忽然觉得，她仿佛就是《金陵十三钗》里的墨玉。是出家为尼，还是客死他乡，又或者从烟花巷里脱身，做了半世的寻常布衣。谁也不知。但到底，她与侯方域的故事，在桃叶渡一别的那日，便已然戛然而止。侯方域的《李姬传》都未能写完，又怎能指望他真能将那女子记得到死。

只是可惜，女子终究要动情。

有时，
这人世，
只容得下你，
深夜时分抽一支烟。

七

惟叹：

世爱千万种，
哪一种爱，
不是千疮百孔?

附

/ 碧梧夫人 / 《咏李香君媚香楼》

秦淮烟月板桥春，宿粉残脂腻水滨。

翠黛红裙竞妆裹，垂杨勾惹看花人。

香君生长貌无双，新筑红楼唤媚香。

春影乱时花弄月，风帘开处燕归梁。

盈盈十五春无主，阿母偏怜小儿女。

弄玉虽居引凤台，萧郎未遇吹萧侣。

公子侯生求燕好，偷金欲买红儿笑。

桃花春水引渔人，门前系住游仙棹。

奄党纤儿相纳交，缠头故遣狡童招。

那知西子含颦拒，更比东林结社高。

楼中刚耀双星色，无奈风波生顷刻。

易服悲离阿软行，重房难把台卿匡。

天涯从此别情浓，锦字书凭若个通？

桐树已曾栖彩凤，绣帷争肯放游蜂？

困愁久已抛歌扇，教坊忽报君王选。

啼眉拥髻下妆楼，从今风月凭谁管。

《柘枝》旧谱唱当筵，部曲新翻《燕子笺》。

总为圣情怜腼腆，桃花宫扇赐帘前。

天子不知征战苦，风前且击催花鼓。

阿监潜传铁锁开，美人犹在琼台舞。

银箭声残火尚温，君王匹马出宫门。

西陵空自宫人泣，南内谁招帝子魂？

最是秦淮苦渡头，伤心无复媚香楼。

可怜一片清溪水，独向门前呜咽流。

出处：《随园诗话》卷十（二十三）

人民文学出版社，1982 年

/ 侯方域 /《李姬传》

李姬者，名香，母曰贞丽。贞丽有侠气，尝一夜博，输千金立尽；所交接皆当世豪杰，尤与阳羡陈贞慧善也。姬为其养女，亦侠而慧，略知书，能辨别士大夫贤否，张学士溥、夏吏部允彝急称之。少风调，皎爽不群。十三岁，从吴人周如松受歌玉茗堂四传奇，皆能尽其音节。尤工琵琶词，然不轻发也。

雪苑侯生，己卯来金陵，与相识。姬尝邀侯生为诗，而自歌以偿之。初，皖人阮大铖者，以阿附魏忠贤论城旦，屏居金陵，为清议所斥。阳羡陈贞慧、贵池吴应箕实首其事，持之力。大铖不得已，欲侯生为解之，乃假所善王将军，日载酒食与侯生游。姬曰："王将军贫，非结客者，公子盍叩之？"侯生三问，将军乃屏人述大铖意。姬私语侯生曰："妾少从假母识阳羡君，其人有高义，闻吴君尤铮铮，今皆与公子善，奈何以阮公负至交乎！且以公子世望，安事阮公！公子读万卷书，所见岂后于贱妾耶？"侯生大乎称善，醉而卧。王将军者殊怏怏，因辞去，不复通。

未几，侯生下第。姬置酒桃叶渡，歌琵琶词以送之，曰："公子才名文藻，雅不减中郎。中郎学不补行，今《琵琶》所传词固妄，然尝昵董卓，不可掩也。公子豪迈不羁，又失意，此去相见未可期，愿终自爱，无忘妾所歌琵琶词也！妾亦不复歌矣！"

侯生去后，而故开府田仰者，以金三百锾，邀姬一见。姬固却之。开府惭且怒，且有以中伤姬。姬叹曰："田公岂异于阮公乎？吾向之所赞于侯公子者谓何？今乃利其金而赴之，是妾卖公子矣！"卒不往。

出处：《中国古代文学作品选》第三册

浙江大学出版社，2004 年

/ 余怀 / 《板桥杂记·李香》

李香，身躯短小，肤理玉色，慧俊宛转，调笑无双。人题之为"香扇坠"。余有诗赠之云："生小倾城是李香，怀中婀娜袖中藏。何缘十二巫峰女，梦里偏来见楚王。"武塘魏子一为书于粉壁，贵竹杨龙友写崇兰诡石于左偏。时人称为三绝。由是，香之名盛于南曲。四方才士，争一识面以为荣。

出处：《板桥杂记》（外一种）

上海古籍出版社，2000 年

/ 余怀 / 《板桥杂记·李贞丽》

李贞丽者，李香之假母。有豪侠气，尝一夜博输千金立尽。

与阳羡陈定生善。香年十三，亦侠而慧。从吴人周如松受歌，《玉茗堂四梦》皆能妙其音节，尤工琵琶。与雪苑侯朝宗善。阉人儿某者，欲内交于朝宗，香力谏止，不与通。朝宗去后，有故开府田仰以重金邀致香。香辞曰："妾不敢负侯公子也。"不往。盖前此阉儿恨朝宗，罗致欲杀之，朝宗跳而免；并欲杀定生也，定生大为锦衣冯可宗所辱。

云间才子夏灵首作《青楼篇》寄武塘钱漱广。末段云："二十年来事已非，不开画阁锁芳菲。那堪两院无人到，独对三春有燕飞。风弦不动新歌扇，露井横飘旧舞衣。花草朱门空后阁，琵琶青冢恨明妃。独有青楼旧相识，蛾眉零落头新白。梦断何年行雨踪，情深一调留云迹。院本伤心正德词，乐府销魂教坊籍。为唱当时《乌夜啼》，青衫泪满江南客。"观此，可以尽曲中之变矣，悲夫！

出处：《板桥杂记》（外一种）

上海古籍出版社，2000 年

青莲

〔董小宛〕

一

我告诉自己：

必须把所有的恐惧和垃圾吃下去。
必须让所有的恐惧和垃圾变成糖。

这是好友作家棉棉在她的代表作《糖》里写下的话。信念，是生之至关重要的根基。岁月并不总是宽宏，人心也不总是温柔好懂，不能保全过去，起码要保全未来。秦淮八艳，董小宛最是温柔。没有人比她更懂得，如何与这世界相爱。

委曲固不能求全，但在这人世当中，能够和眉善目地迎对艰辛之人，也实在不多。之于董小宛，放下亦是执着，执着也是放下。她恒有信念，想要的是什么，不能什么。铭刻在心。如此一来，路遇之困，便皆不是妨碍。

低入尘埃，开出花来。

二

董小宛是个奇女子。

生死皆是谜。

关于其身世，众说纷纭。有人说她是南曲妓女陈大娘的生女，自幼长在章台之地。但我更愿意相信另一种。说，董小宛，本出生苏州一富庶人家，是苏绣世家。家中有一绣庄。活计做得精细，生意颇好。母亲白氏是当地一秀才的独生女。擅诗书。董小宛得到极好的家教，针神曲圣，食谱茶经，莫不精晓。

为表夫妻伉俪情深，遂为女儿取名"董白"。

出生那年，是公元 1624 年。董白，是董小宛的本名。字小宛。又字青莲。本应在闺房里读书写字做女红。但运命诡谲多变，十三岁时，父亲病逝，剩得母女二人相依为命。在家中，母亲睹物思人，日渐憔悴。后来，便搬离旧宅，在半塘河边筑一静雅小屋栖居。

绣庄的事，便交给管家打理。

两年之后，管家私吞董家财产，致使绣庄倒闭，并负债累累。母女二人一时间失了经济来源。时值乱世，本欲打算关闭绣庄，收回钱财以备逃难。却不想，遭遇如斯变故。母亲身体极差，赚钱养家的事，便落在了十五岁的董小宛肩头。

她不过只是初出茅庐的小女子，能做的事实在也不多。空有一副好容貌，蕙质兰心也是无用，董小宛不知何去何从。后来，是已走投无路，方才经人引荐，当了金陵乐妓。只是，素来心气甚高的董小宛，长年无法适应酒色之气的侵蚀。

每每在妓馆里卖艺，见男女杂坐，歌吹喧阗，总是心厌色沮。无一日不想，速速攒钱，脱离那乌烟瘴气之地。纵如此，依然不能掩盖董小宛的秀外慧中，在秦淮河畔，日渐有了盛名。往返人客与日俱增。本也不是坏事，但董小宛之厌腻却只增不减。

彼时，又逢各路权贵掳掠美人进献。原本，身子便不大好的董小宛忧思成疾。名声大了，董小宛在妓馆当中便颇有分量，要行游几月，也无人敢拦着。如此一来，董小宛便时时出游，离了那是非地，纵不能长久，也好过没有。山水草木，片石孤云，样样是好物。与之相伴，董小宛便总是流连难去。

此生此世意难平。

身在红尘，心在世外。董小宛自幼便期望能与母亲一样，遇到一个像父亲一样珍视自己的男子。少年际遇坎坷，家道中落，董小宛也愈发明晓繁华亦是云烟的道理。于是，她唯愿，日后能与那人，读书泼茶，倚楼看月，甚或栖居郊野，过简静似水的平宁日子就好。

但风月场上，怎能轻易觅得良人。

三

那年，董小宛得罪贵胄。为避风头，便只身返回苏州。而金陵城里，一个叫作冒辟疆的人，却日日盼着见她一面。前去拜访，方知佳人已在苏州半塘，只能无功而返。后来，乡试落榜，在送父亲任职的路上，途经苏州，冒辟疆不忘打听董小宛。

不巧的是，董小宛依然不在，出游太湖去了。

冒辟疆，本名冒襄。辟疆是他的字。号巢民。江苏如皋人。与侯方域一样，都是"明末四公子"之一。如皋城里的冒家，是名门望族，是书香门第。因此，冒辟疆的才华定不差，名声也是不小。文章做得好，又有经世之志。能嫁与冒辟疆，对青楼女子来讲，自然不差。

初见不成，再见亦未能如愿。

如此一来，董小宛倒莫名成了冒辟疆心上的一个结。几次往返，如梦巡游。见天见地，独不见依依心念的美人。数次寻访而不得，临走前，忍不住再去了一回。彼时，董小宛薄醉微醺，听闻有人来访，便娉娉袅袅下楼来。青丝未理，云鬓松疏，"面晕浅春，缬眼流视，香姿玉色，神韵天然，懒慢不交一语"。冒辟疆说，"余惊爱之。"

见董小宛倦怠，心中疼惜，不忍久扰，便匆匆一见，别归而去。彼时，董小宛在冒辟疆的心中，大约便是：美人如花隔云端。李白那首《长相思》此刻念来，倒是应景得很。

长相思，在长安。

络纬秋啼金井阑，

微霜凄凄簟色寒。

孤灯不明思欲绝，

卷帷望月空长叹。

美人如花隔云端，

上有青冥之长天。

下有绿水之波澜，

天长地远魂飞苦。

梦魂不到关山难，

长相思，催心肝。

次年夏天。冒辟疆再度来到苏州半塘拜访董小宛，其时，董小宛正与钱谦益傍游黄山。遂不得见。彼时，名士名妓之往来关系，错综复杂。各家女子与各路文人士子，大多彼此熟识。但缘分，又是另外的事情。董小宛与钱谦益之间，也就止于一夕赏玩的情分了。

但正是这一点情分，在董小宛后来的短暂岁月中，对她的人生依归，起到至关重要的作用。再后来，钱谦益痴爱柳如是。董小宛也回到苏州，终与冒辟疆好生见了一面。

那是崇祯十四年春。

冒辟疆探望父亲的路上再经苏州半塘，想着此时董小宛该是在的吧。却不想，人去楼空。直到将离之时，董小宛方才缓缓归来。而那日，董小宛不在，冒辟疆却得知了陈圆圆的美名。如此一来，便有了一段令冒辟疆至死不忘、津津乐道于后人的故事。

陈圆圆太美。见者倾倒。纵是冒辟疆万事孝为先，常以此为借口，不与亲逆，摆脱途经过的女子，也挡不住陈圆圆绣口轻启，咿呀伶音之诱惑。遂，二人几盏酒后，有了金秋之约。这时候，他断断是没有再想起董小宛的好了。

董小宛的姿容殊胜于旁人，但若与陈圆圆相比，大约还是要逊色几分。如此，那日与陈圆圆初见之后，再见董小宛美色，心中惊动大约也不似三年前那么浓重了。

彼时，张献忠率领的起义军攻破襄樊。冒父尚在城中，处境危险。孝字当先，冒辟疆急于将营救父亲的事情处理妥当，无奈之下，只能与陈圆圆暂别。后来，陈圆圆为避豪绅劫掠，藏于郊野。二人再见时，陈圆圆分外感伤。

两人缱绻之下，陈圆圆欲委身下嫁。冒辟疆当然欢喜，几番假意推诿之后，欣然应了陈圆圆。遂，订下婚约。崇祯十五年春，冒辟疆料理完父亲的事，赶回苏州赴陈圆圆之约，却不想，佳人终是在劫难逃，被人掳走。

冒辟疆理应伤心，但次夜，便寻去了董小宛那里。冒辟疆自己说，是夜航小游，意外路过。但凡事经他宣之于口，总难免刻意。私以为，多半是怕落人口舌，说他薄幸，方才以此为托辞。哪里是什么路过。董小宛的住处他再三寻访，岂有忽然不认得的道理。

没有了陈圆圆，他还有董小宛。
没有了陈圆圆，他才想起董小宛。

四

次夜。一叶小舟，荡在秦淮河上。兜兜转转，便到了董小宛的门前。一别已是三年，再见时，却恰逢是董小宛因家母离世愁思病倒的伤心时候。得知冒辟疆前来，董小宛强撑病体，梳洗打扮与之相见。待客之道，她不会错。

毕竟，冒辟疆的声名在那里。俊朗，有才情，又是复社清流。

虽在感情事上的人品令人不能恭维，但在男权旧社会里，他在众女子心中依然是翩翩佳公子不假。倒是董小宛聪慧，佯装不识。以董小宛的性子，若是陌路庸人来扰，夜半伤心时候定是不会迎见了。

董小宛软语问他，从哪里来？

冒辟疆便温柔说起三年前的匆匆一见。听此一说，董小宛霎时热泪盈眶。说，"当年，虽仅一面之缘，但家母对您是赞不绝口。一直为我惋惜，不能与您携手相伴。今日见君如见母，竟越发伤心了。"董小宛身子差，屋里尽是苦水药渣。见者怜之。

几句话说下来，董小宛便觉身子有些乏。说着便撩开纱帐，请冒辟疆一同坐到床边闲话。据冒辟疆说，他欲走时，董小宛却不肯，百般挽留。还说董小宛对她说，"病中数日，寝食皆废，却因今日见了公子，方才有了生气。"真假难辨。纵是所言非虚，也实在避不开给自己贴金之嫌。

冒辟疆说明日还有要事，要遣人给父亲送信，告知平安喜讯。几番周折下来，终于拜别了董小宛。难耐董小宛一腔热情，便说明日再来。本是闲话敷衍。但次日友人皆说他断不可如此言而无信，负一女子。他方才如约而来。

冒辟疆写《影梅庵忆语》，忆念往事。起初读时，只觉因董小宛病故字句皆是伤心，读之动容。却不想，越往后，写得越是诡谲。是定要清本正源似的，告之世界，不是自己酒色风流，是董小宛爱他太深切，不顾生死，亦不愿与之相诀。

在我粗浅的了解看来，冒辟疆实在是个全无担当又私心极重的人。一头将爱说得肝肠寸断，一头又不断表明立场说这桩情事是董小宛送上门来。听上去仿佛是赞爱妾温淑忠贞，实则是告之世界，爱妾对自己的迷恋，非山海可以丈量。

自恋者自欺，自恋者自愚。
当真是令人厌恶。

次日，冒辟疆守约前来告别。

待冒辟疆的船刚刚停靠在岸，董小宛便携带细软急登上船。说定要一路相送。这一送，便是二十七日之久。二人一路，过浒墅关、游无锡惠山，经阳羡、昆凌、澄江，抵达镇江北固山。若董小宛果真如此爱重冒辟疆，心急如焚欲与之相伴。那也是出于生计的考虑。至于，冒辟疆所言的爱有几分，喜欢有多深，怕是只有董小宛自知。

后来，冒辟疆时常告诉董小宛不必再送，还是返家的好。但董小宛不从，并对目下江流起誓说："妾此身如江水东下，断不复返吴门！"冒辟疆听到之后，大抵是心慌如麻、心急如焚的吧。这该如何是好？面对这不管不顾的小女子，他招数尽失。

董小宛是有些自轻自贱了。

何以要如此？此时，谈论爱情，就执拗了。依我看来，一则是因董小宛的母亲过世，从此便是孤自无依。寂寞，人人都惧怕。二来是董小宛本非风月之人，对那酒色花柳之地是深恶痛绝，片刻不愿多留。身子本就孱弱，还负债累累，若是老死这是非之地，她大概是死也不能瞑目的。

与其像旁人一样，周身有良人二三，却迟滞拣选，到头来仍落得无依无傍。倒不如，果敢些，若遇见那人，就拼了命地也要借他一步，纵不能双飞如愿，但起码也要把自己从这铅华之地，救出去。

后来，冒辟疆直接告诉董小宛，且不说她的出身，单是董小宛尚未还清的巨额债务，他便是爱莫能助。更何况，科考日近，家父也尚未安全归家，凡此种种，他是断然不能接受她的。

虽也是实话，但经此一说，这风花雪月的事也是被大煞风景了。再见这男女欢好，情也不是那个情，爱也不是那个爱了。样样都有了一股俗世的穷酸气。他是并不打算要给董小宛留存什么希望的。更妄论情面了。磊落、大方这样的语词，冒辟疆实在是用不上。

董小宛踟蹰不肯离去。此时，茶几之上有骰子一枚。一友人见状提议掷骰子。说，若是你们有缘，定有所巧示。董小宛一听，忽觉目下几粒小骰如有灵意，肃拜一番，郑重祈祷。事毕，一掷，竟得"全六"。满堂彩。董小宛激动不已。

冒辟疆也高兴。因为他说，"你我是命定天成，既如此，你也不必急于一时。倒不如先行归家，待你我来日仔细商榷，郑重其事地筹谋一番不迟。"董小宛一听，知其铁了心，再不愿带着自己了。她掩面痛哭，他如释重负。

五

历此一事，稍有骨气的女子定是与君死生不复相见。但董小宛不。运命之不宽宏，她自父亲去世家道中落那日起，便深谙其理。对冒辟疆，她不责不怨，如当日所言，孤身苦等花开那天。

南京秋试临近。六月，冒辟疆回到如皋老家，便听妻室说，董小宛托人带来口信。说，自与君一别，归返苏州之后，闭门谢客，茹素吃斋，只等你来。但冒辟疆听听便也就过去了。他根本不曾打算去苏州接她，同赴金陵。

冒辟疆至金陵应试时，也不曾知会董小宛。倒是董小宛事事小心，处处留意。得知冒辟疆在金陵城里，便携一丫鬟匆匆赶赴与之相会。却不料，途遇匪徒，她与丫鬟藏于河中芦苇荡里。却又因船舵受损，进出难行，挨饿受冻了三日之久。

八月初，董小宛终于抵达金陵。一帮文人士子和妓馆姐妹为她接风洗尘。欢宴一夜。若说董小宛起初是为脱籍，才对冒辟疆孤注一掷，有所指望，甚而不惜自轻自贱，但今时今日，与之对峙良久，终是无果。也是该悬崖勒马的时候了。世间男子何其多，她竟独独痴心此一人。为难自己。

董之心思，忽令人有些恍惚了。以至于，我不禁想要推翻自己之前的猜疑，想着，许这方才是真爱。但这爱，也着实难解。不过，爱，不从来都是莫名无解的事情吗？

今次，已是冒辟疆第五次乡试。试毕出闱的冒辟疆自觉良好，大悦。便与董小宛说，待他日等第之后，娶之为妾，以宽慰她生死相随之情意。但不想，冒辟疆只中了副榜。乡试副榜起于明嘉靖时。每正榜五名取中一名，名为副贡，不能与举人同赴会试，仍可应下届乡试。

冒辟疆仕念俱灰。

待董小宛，态度是一日三变。没了前程，董小宛之于他，便是累赘。喜形于色，性情多变之人最是难缠。身作男子，竟不知一诺千金的道理。刹那间，便将董小宛冷落一旁。得知冒父平安归家之后，冒辟疆便弃董小宛于不顾，孤身归返。

董小宛竟仍不死心。尾随冒辟疆至如皋城外。路上，又遭遇风浪，再陷陷阱，险些丢了性命。所谓"欲拒还迎"的游戏，董小宛不是不懂。只是在冒辟疆的面前，她莫名将自己放得好低、好低，低到没有了爱之缱绻，只剩胶着难缠，与无尽的伤感。

最后，冒辟疆厉声驱赶，凄凉收场。

连同尊严，董小宛倾付，却在冒辟疆眼里，是微贱不值一提。纵是到了这样的地步，董小宛依然不依不饶，誓要守顾这一心痴恋。十月，冒辟疆去镇江访友。竟听人说，董小宛自上次一别，回到苏州，誓不肯脱下当日分别时所着的衣裳。宁愿冻死殉情。

董小宛盛名在外，情事二三，必定传之久远。这样的事情发生在董小宛的身上，在其他文人士子眼中，只觉令人怜惜。因此，冒辟疆的友人纷纷斥责他的寡情。甚而，有人不忍，自发前往苏州替董小宛还债。但债主难缠，竟白费了那些银两。

是时，钱谦益施以援手。

德高望重又资财深厚的钱谦益不费吹灰之力，替董小宛还清了债务，脱离了乐妓。一则，钱谦益当年与董小宛也曾有一夕伴游的情分。二来，柳如是与董小宛也是姐妹情深，断不忍见董小宛自戕自灭于一段模棱两可又令人费解的感情纠葛里。

是以，董小宛一颗只盼安稳的心也该落定了。冒辟疆给不了的，她也悉数得到。若是如我前文所言，对冒辟疆未必有爱的话，理应不再有后续的故事。但董小宛仍旧是当初的样子，心心念着要侍奉冒辟疆左右。得了清白身份，她义无反顾，奔赴如皋。

写至此处，忍不住想到李银河一本社会学的书——《虐恋亚文化》。仔细一想，倒也刹那惊醒。许当年董小宛与冒辟疆那一段令人难解的情缘，正是李银河所言之"虐恋"也未可知。嫁入冒家那一日，不知董小宛作何念想。

是守得花开见月明的欢喜？
还是穷形尽相的无限心酸呢？

六

入冒家之后，董小宛勤俭谦恭，温淑有礼。

董小宛之好，一言难尽。

连冒辟疆的正妻苏氏也忍不住想要赞董小宛几句。可见，董小宛深谙为人妻妾之道。除了对正妻礼敬有佳，苏氏多病，董小宛主理家事，从不倦怠，事事亲力亲为，分外仔细。对苏氏的子女也是关怀备至。时常教习他们读书写字。侍奉公婆更是至孝至恭。连下人，她也宽仁待之，从不苛责。

白日里，操持家务，已是不易。夜里，董小宛还勤习女红。本是苏绣世家的女子，在女红上，悟性颇高。不多久，她便精通剪彩织字、屡金回文各种技巧。经她之手，织出巾裾，件件堪称极致。以至于，冒家的账目也由董小宛打理，从未出过半点差池。

另外，她还有一身精湛的厨艺。

她时常研究食谱，钻研甚深。据说，今时人们常吃的虎皮肉，即走油肉，便是始于董小宛之手。因此，它也有一个鲜为人知的名字叫"董肉"。她还擅制糖点。曾用芝麻、炒面、饴糖、松子、桃仁和麻油作为原料制成酥糖。切成长五分、宽三分、厚一分的方块，这种酥糖外黄内酥，甜而不腻，时称"董糖"。

且擅品茶。原本喜酒的董小宛，入冒家之后，几乎滴酒不沾，改以饮茶。只是，每晚侍奉大夫人苏氏之时，忍不住会与之小酌两杯。冒辟疆亦爱饮茶，二人皆爱喝芥片泡出的茶。冒、董二人，时常一起月下赏花，也一并饮茶。

饮茶，饮的是一种心境。有一颗从容自在如星辰日月的心，饮的便是世间百味。所谓吃茶，吃的便是一种简静和安宁。实在妙不可言。如此，一人一盏清茶，不用说话，只须举杯轻呷，便是将花前月下的良辰美景，也一并饮下。

董小宛甚至还懂得品香、制香。动乱时年，也曾有一些祥和的夜晚。每每此时，冒董二人，便会拿出昔年的珍藏，焚香冥想。而他们用的香，多半不是俗物。有的是从宫廷当中外流而得的珍惜品，有的是制香能人相赠的稀罕物，有的则是董小宛亲制而成的孤品。

夏夜乘凉，金秋赏菊。

是为，她与他最好的时光。

董小宛前后侍奉冒辟疆九年，过劳而死。这九年，冒辟疆是享尽了世间最温柔之美好，最美好之温柔。日日美人在侧，日日红袖添香。一回头，更是老幼尽欢，天伦尽享。而这诸般所有，皆是董小宛用尽了一生一世的气力，报偿于他。用冒辟疆的话说："余一生清福，九年占尽，九年折尽矣。"

所言非虚。

纵是如此，他待她又何曾有过半点怜惜与温柔。崇祯自缢，世道大乱时，举家逃难，他竟只顾父母妻儿，全然不曾给予董小宛一丝关怀。甚而，他于乱中，携家逃离，要留下董小宛与奴仆看顾旧宅。令人发指。纵是一同相伴，董小宛也是掩护他出逃的工具罢了。

奇趣的是，董小宛甚而会讲，冒辟疆顾父母双亲，顾妻儿老小，无暇顾及自己之行举是理所应当的。她时刻做好难中为冒家上下献身赴死的准备。长达五年的颠沛流离，董小宛不曾增添冒辟疆半点负担，反倒是她，如男子一般，以己之身，看顾着冒家十数口人。

期间，冒辟疆几次大病，董小宛昼夜不离。嘘寒问暖不在话下，连冒辟疆的粪便，董小宛也会一一仔细又仔细地查看，生怕冒辟疆的身体再生丝毫的不妥当。而病重的冒辟疆，喜怒无常，焦躁难缠，对待董小宛，一如奴仆。动辄打骂。

凡此种种，董小宛却从容接纳。不言一字其他。终于，大难过去，冒辟疆身健如昨，董小宛却积劳成疾，一病不起。直至此时，冒辟疆方才知道：

世间女子皆不如她。

七

顺治七年，董小宛过劳而死。

终年，二十七岁。

董小宛病逝之后，冒辟疆回顾历历往事，方知其好。他说，她突然死去，我恍惚不知，死去的是她，还是我自己。他又说，此生，我还可以拿什么来报答她呢？她一定一定不是这凡尘里的女子。他还说，今次她一去，举家痛哭，我恍然大悟，是，此生此世，再没有像她这样的女子了。

康熙三十二年，冒辟疆去世。

晚年，冒辟疆替董小宛作了一首诗：

冰丝新飏藕罗裳，
一曲开筵一举觞。

曾唱阳关洒热泪，

苏州寂寞好幻想。

她在时，你假装薄幸无知。

她走后，你终于心灰如死。

世上只有一个董小宛。

世上只有她，能把苦熬成糖。

甜到哀伤。

附

/ 冒襄 /《影梅庵忆语》

一

　　爱生于昵，昵则无所不饰。缘饰著爱，天下鲜有真可爱者矣。矧内屋深屏，贮光阒彩，止凭雕心镂质之文人描摹想像，麻姑幻谱，神女浪传！近好事家复假篆声诗，侈谈奇合，遂使西施、夷光、文君、洪度，小人阁中有之，此亦闺秀之奇冤，而啖名之恶习已。

　　亡妾董氏，原名白，字小宛，复字青莲。籍秦淮，徙吴门。在风尘虽有艳名，非其本色。倾盖矢从余，入吾门，智慧才识，种种始露。凡九年，上下内外大小，无忤无间。其佐余著书肥遁，佐余妇精女红，亲操井臼，以及蒙难遘疾，莫不履险如夷，茹苦若饴，合为一人。今忽死，余不知姬死而余死也！但见余妇茕茕粥粥，视左右手罔措也。上下内外大小之人，咸悲酸痛楚，以为不可复得也。传其慧心隐行，闻者叹者，莫不谓文人义士难与争俦也。

余业为哀辞数千言哭之，格于声韵不尽悉，复约略纪其概。每冥痛沉思姬之一生与偕姬九年光景，一齐涌心塞眼，虽有吞鸟梦花之心手，莫能追述。区区泪笔，枯涩黯削，不能自传其爱，何有于饰？矧姬之事余，始终本末，不缘狎昵。余年已四十，须眉如戟。十五年前，眉公先生谓余视锦半臂碧纱笼，一笑瞠若，岂至今复效轻薄子漫谱情艳，以欺地下？倘信余之深者，因余以知姬之果异，赐之鸿文丽藻，余得藉手报姬，姬死无恨，余生无恨。

己卯初夏，应试白门，晤密之，云："秦淮佳丽，近有双成，年甚绮，才色为一时之冠。"余访之，则以厌薄纷华，挈家去金阊矣。嗣下第，浪游吴门，屡访之半塘，时逗留洞庭不返。名与姬颉颃者，有沙九畹、杨漪炤。予日游两生间，独咫尺不见姬。将归棹，重往冀一见。姬母秀且贤，劳余曰："君数来矣，予女幸在舍，薄醉未醒。"然稍停，复他出，从兔径扶姬于曲栏与余晤。面晕浅春，缬眼流视，香姿玉色，神韵天然，懒慢不交一语。余惊爱之，惜其倦，遂别归，此良晤之始也。时姬年十六。

庚辰夏，留滞影园，欲过访姬。客从吴门来，知姬去西子湖，兼往游黄山白岳，遂不果行。辛巳早春，余省觐去衡岳，由浙路往，过半塘讯姬，则仍滞黄山。许忠节公赴粤任，与余联舟行。偶一日，赴饮归，谓余曰："此中有陈姬某，擅梨园之胜，不可不见。"余佐忠节公治舟数往返，始得之。其人淡而韵，盈盈冉冉，衣椒茧时背顾湘裙，真如孤鸾之在烟雾。是日演弋腔《红梅》，以燕俗之剧，咿呀啁哳之调，乃出之陈姬身口，如云出岫，如珠在盘，令人欲仙欲死。漏下四鼓，风雨忽作，必欲驾小舟去。余牵衣订再晤，答云："光福梅花如冷云万顷，子越旦偕我游否？"则有半月淹也，余迫省觐，告以不敢迟留故，复云："南岳归棹，当迟子于虎嚵丛桂间。"盖计其期，八月返也。

余别去，恰以观涛日奉母回。至西湖，因家君调已破之襄阳，心绪如焚，便讯陈姬，则已为窦霍豪家掠去，闻之惨然。及抵阊门，水涩舟胶，去浒关十五里，皆充斥不可行。偶晤一友，语次有"佳人难再得"之叹。友云："子误矣！前以势劫去者，赝某也。某之匿处去此甚迩，与子偕往。"至，果得见，又如芳兰之在幽谷也。相视而笑曰："子至矣，子非雨夜舟中订芳约者耶？曩感子殷勤，以凌遽不获订再晤。今几入虎口，得脱，重晤子，真天幸也。我居甚僻，复长斋，茗碗炉香，留子倾倒于明月桂影之下，且有所商。"余以老母在舟，缘江楚多梗，率健儿百余护行，皆住河干，矍矍欲返。甫黄昏而炮械震耳，击炮声如在余舟旁，亟星驰回，则中贵争持河道，与我兵斗。解之，始去。自此余不复登岸。越旦，则姬淡妆至，求谒吾母太恭人，见后仍坚订过其家。乃是晚，舟仍中梗，乘月一往。相见，卒然曰："余此身脱樊笼，欲择人事之。终身可托者，无出君右。适见太恭人，如覆春云，如饮甘露，真得所天。子毋辞！"余笑曰："天下无此易易事。且严亲在兵火，我归，当弃妻子以殉。两过子，皆路梗中无聊闲步耳。子言突至，余甚讶。即果尔，亦塞耳坚谢，无徒误子。"复宛转云："君倘不终弃，誓待君堂上画锦旋。"余答曰："若尔，当与子约。"惊喜申嘱，语絮絮不悉记，即席作八绝句付之。

归历秋冬，奔驰万状，至壬午仲春，都门政府言路诸公，恤劳人之劳，怜独子之苦，驰量移之耗，先报余。时正在毗陵，闻音，如石去心，因便过吴门慰陈姬。盖残冬屡趋余，皆未及答。至则十日前复为窦霍门下客以势逼去。先吴门有昵之者，集千人，哗劫之。势家复为大言挟诈，又不惜数千金为贿。地方恐贻伊戚，劫出复纳入。余至，怅惘无极，然以急严亲患难，负一女子无憾也。

是晚壹郁，因与友觅舟去虎嚃夜游。明日，遣人至襄阳，便解维归里。舟一过桥，见小楼立水边。偶询游人："此何处？何人之居？"友以双成馆对。余三年积念，不禁狂喜，即停舟相访。友阻云："彼前亦为势家所惊，危病十有八日，母死，镝户不见客。"余强之上，叩门至再三，始启户，灯火阑如。宛转登楼，则药饵满几榻。姬沉吟询何来，余告以昔年曲栏醉晤人。姬忆，泪下曰："襄君屡过余，虽仅一见，余母恒背称君奇秀，为余惜不共君盘桓。今三年矣，余母新死，见君忆母，言犹在耳。今从何处来？"便强起，揭帷帐审视余，且移灯留坐榻上。谈有顷，余怜姬病，愿辞去。牵留之曰："我十有八日寝食俱废，沉沉若梦，惊魂不安。今一见君，便觉神怡气王。"旋命其家具酒食，饮榻前。姬辄进酒，屡别屡留，不使去。余告之曰："明朝遣人去襄阳，告家君量移喜耗。若宿卿处，诘旦不能报平安。俟发使行，宁少停半刻也。"姬曰："子诚殊异，不敢留。"遂别。

　　越旦，楚使行，余亟欲还，友人及仆从咸云："姬昨仅一倾盖，拳切不可负。"仍往言别，至则姬已妆成，凭楼凝睇，见余舟傍岸，便疾趋登舟。余具述即欲行，姬曰："我装已戒，随路祖送。"余却不得却，阻不忍阻。由浒关至梁溪、毗陵、阳羡、澄江，抵北固，越二十七日，凡二十七辞，姬惟坚以身从。登金山，誓江流曰："妾此身如江水东下，断不复返吴门！"

余变色拒绝，告以期迫科试，年来以大人滞危疆，家事委弃，老母定省俱违，今始归，经理一切。且姬吴门责逋甚众，金陵落籍，亦费商量，仍归吴门，俟季夏应试，相约同赴金陵。秋试毕，第与否，始暇及此，此时缠绵，两妨无益。姬仍踌躇不肯行。时五木在几，一友戏云："卿果终如愿，当一掷得巧。"姬肃拜于船窗，祝毕，一掷得"全六"，时同舟称异。余谓果属天成，仓卒不臧，反偾乃事，不如暂去，徐图之。不得已，始掩面痛哭失声而别。余虽怜姬，然得轻身归，如释重负。

才抵海陵，旋就试。至六月抵家。荆人对余曰："姬令其父先已过江来云：'姬返吴门，茹素不出，惟翘首听金陵偕行之约。'闻言心异，以十金遗其父去曰：'我已怜其意而许之，但令静俟毕场事后，无不可耳。'"余感别人相成相许之雅，遂不践走使迎姬之约，竟赴金陵，俟场后报姬。

金桂月三五之辰，余方出闱，姬猝到桃叶寓馆。盖望余耗不至，孤身挈一妪，买舟自吴门江行。遇盗，舟匿芦苇中，柁损不可行，炊烟遂断三日。初八抵三山门，又恐扰余首场文思，复迟二日始入。姬见余虽甚喜，细述别后百日茹素杜门与江行风波盗贼惊魂状，则声色俱凄，求归逾固。时魏塘、云间、闽、豫诸同社，无不高姬之识，悯姬之诚，咸为赋诗作画以坚之。

场事既毕，余妄意必第，自谓此后当料理姬事，以报其志。讵十七日，忽传家君舟抵江干，盖不赴宝庆之调，自楚休致矣。时已二载违养，冒兵火生还，喜出望外，遂不及为姬谋去留，竟从龙潭尾家君舟抵銮江。家君阅余文，谓余必第，复留之銮江候榜。姬从桃叶寓馆仍发舟追余、燕子矶阻风，几复罹不测，重盘桓銮江舟中。

　　七日，乃榜发，余中副车，穷日夜力归里门，而姬痛哭相随，不肯返，且细悉姬吴门诸事，非一手足力所能了。责逋者见其远来，益多奢望，众口猜猜。且严亲逼归，余复下第意阻，万难即诣。舟抵郭外朴巢，遂冷面铁心，与姬决别，仍令姬返吴门，以厌责逋者之意，而后事可为也。

　　阴月过润州，谒房师郑公，时闻中刘大行自都门来，陈大将军及同盟刘刺史饮舟中。适奴子自姬处来，云：姬归不脱去时衣，此时尚方空在体。谓余不速往图之，彼甘冻死。刘大行指余曰："辟疆夙称风义，固如是负一女子耶？"余云："黄衫抵衡，非君平仙客所能自为。"刺史举杯奋袂曰："若以千金恣我出入，即于今日往！"陈大将军立贷数百金，大行以参数斤佐之。讵谓刺史至吴门，不善调停，众哗决裂，逸去吴江。

　　余复还里，不及讯。姬孤身维谷，难以收拾。虞山宗伯闻之，亲至半塘，纳姬舟中。上至荐绅，下及市井，纤悉大小，三日为之区画立尽，索券盈尺。楼船张宴，与姬饯于虎嚠，旋买舟送至吾皋。至月之望，薄暮侍家君饮于拙存堂，忽传姬抵河干。接宗伯书，娓娓洒洒，始悉其状，且即驰书贵门生张祠部立为落籍。吴门后有细琐，则周仪部终之，而南中则李宗宪旧为礼垣者与力焉。越十月，愿始毕，然往返葛藤，则万斛心血所灌注而成也。

壬午清和晦日，姬送余至北固山下，坚欲从渡江归里。余辞之，益哀切，不肯行。舟泊江边，时西先生毕今梁寄余夏西洋布一端，薄如蝉纱，洁比雪艳。以退红为里，为姬制轻衫，不减张丽华桂宫霓裳也。偕登金山，时四五龙舟冲波激荡而上，山中游人数千，尾余二人，指为神仙。绕山而行，凡我两人所止，则龙舟争赴，回环数匝不去。呼询之，则驾舟者皆余去秋浙回官舫长年也。劳以鹅酒，竟日返舟，舟中宣瓷大白盂，盛樱珠数斤，共啖之，不辨其为樱为唇也。江山人物之盛，照映一时，至今谈者侈美。

二

秦淮中秋日，四方同社诸友感姬为余不辞盗贼风波之险，间关相从，因置酒桃叶水阁。时在座为眉楼顾夫人、寒秀斋李夫人，皆与姬为至戚，美其属余，咸来相庆。是日新演《燕子笺》，曲尽情艳。至霍华离合处，姬泣下，顾、李亦泣下。一时才子佳人，楼台烟水，新声明月，俱足千古，至今思之，不啻游仙枕上梦幻也。

銮江汪汝为园亭极盛，而江上小园，尤收拾江山胜概。壬午鞠月之朔，汝为曾延予及姬于江口梅花亭子上。长江白浪拥象，奔赴杯底。姬轰饮巨巨罗，觞政明肃，一时在座诸妓皆颓唐溃逸。姬最温谨，是日豪情逸致，则余仅见。

乙酉，余奉母及家眷流寓盐官，春，过半塘，则姬之旧寓固宛然在也。姬有妹晓生，同沙九畹登舟过访，见姬为余如意珠，而荆人贤淑，相视复如水乳，群美之，群妒之。同上虎丘，与予指点旧游，重理前事，吴门知姬者咸称其俊识，得所归云。

鸳鸯湖上，烟雨楼高。逶迤而东，则竹亭园半在湖内，然环城四面，名园胜寺，夹浅渚层溪而潋滟者，皆湖也。游人一登烟雨楼，遂谓已尽其胜，不知浩瀚幽渺之致，正不在此。与姬曾为竟日游，又共追忆钱塘江下桐君严濑、碧浪苍岩之胜，姬更云新安山水之逸，在人枕灶间，尤足乐也。

虞山宗伯送姬抵吾皋时，时侍家君饮于家园，仓卒不敢告严君。又侍饮至四鼓，不得散。荆人不待余归，先为洁治别室，帷帐、灯火、器具、饮食，无一不顷刻具。酒阑见姬，姬云："始至，正不知何故不见君，但见婢妇簇我登岸，心窃怀疑，且深悚骇。抵斯室，见无所不备。旁询之，始感叹主母之贤，而益快经岁之矢相从不误也。"自此姬屏别室，却管弦，洗铅华，精学女红，恒月余不启户。耽寂享恬，谓骤出万顷火云，得憩清凉界，回视五载风尘，如梦如狱。居数月，于女红无所不妍巧，锦绣工鲜。刺巾裾如虮无痕，日可六幅。剪彩织字、缕金回文，各厌其技，针神针绝，前无古人已。

　　姬在别室四月，荆人携之归。入门，吾母太恭人与荆人见而爱异之，加以殊眷。幼姑长姊，尤珍重相亲，谓其德性举止均非常人。而姬之侍左右，服劳承旨，较婢妇有加无已。烹茗剥果，必手进。开眉解意，爬背喻痒。当大寒暑，折胶铄金时，必拱立座隅，强之坐饮食，旋坐旋饮食，旋起执役，拱立如初。余每课两儿文，不称意，加夏楚，姬必督之改削成章，庄书以进，至夜不懈。越九年，与荆人无一言枘凿。至于视众御下，慈让不遑，咸感其惠。余出入应酬之费与荆人日用金错泉布，皆出姬手。姬不私铢两，不爱积蓄，不制一宝粟钗钿。死能弥留，元旦次日，必欲求见老母始瞑目，而一身之外，金珠红紫尽却之，不以殉，洵称异人。

　　余数年来欲裒集四唐诗，购全集、类逸事、集众评，列人与年为次第，每集细加评选，广搜遗失，成一代大观。初、盛稍有次第，中、晚有名无集、有集不全，并名、集俱未见行甚夥，《品汇》，六百家大略耳，即《纪事本末》，千余家名姓稍存，而诗不具。《全唐诗话》更觉寥寥。芝隄先生序《十二唐人》，称豫章大家，藏中晚未刻集七百余种。孟津王师向余言：买灵宝许氏《全唐诗》数车满载，即囊流寓盐官胡孝辕职方批阅唐人诗，剞劂工费，需数千金。僻地无书可惜，近复裹足牖下，不能出游购之，以此经营搜索，殊费工力，然每得一帙，必细加丹黄。他书有涉此集者，皆录首简，付姬收贮。至编年论人，准之《唐书》。姬终日佐余稽查抄写，细心商订，永日终夜，相对忘言。阅诗无所不解，而又出慧解以解之。尤好熟读楚辞、少陵、义山、王建、花蕊夫人、王珪、三家宫词，等身之书，周回座右，午夜衾枕间，犹拥数十家唐诗而卧。今秘阁尘封，余不忍启，将来此志，谁克与终？付之一叹而已。

犹忆前岁余读《东汉》，至陈仲举、范、郭诸传，为之抚几，姬一一求解其始末，发不平之色，而妙出持平之议，堪作一则史论。

乙酉客盐官，尝向诸友借书读之，凡有奇僻，命姬手抄。姬于事涉闺阁者，则另录一帙。归来与姬遍搜诸书，续成之，名曰《奁艳》。其书之瑰异精秘，凡古人女子，自顶至踵，以及服食器具、亭台歌舞、针神才藻，下及禽鱼鸟兽，即草木之无情者，稍涉有情，皆归香丽。今细字红笺，类分条析，俱在奁中。客春顾夫人远向姬借阅此书，与龚奉常极称其妙，促绣梓之。余即当忍痛为之校雠鸠工，以终姬志。

姬初入吾家，见董文敏为余书《月赋》，仿钟繇笔意者，酷爱临摹，嗣遍觅钟太傅诸帖学之。阅《戎辂表》称关帝君为贼将，遂废钟学《曹娥碑》，日写数千字，不讹不落。余凡有选摘，立抄成帙，或史或诗，或遗事妙句，皆以姬为绀珠。又尝代余书小楷扇，存戚友处，而荆人米盐琐细，以及内外出入，无不各登手记，毫发无遗。其细心专力，即吾辈好学人鲜及也。

姬于吴门曾学画未成，能做小丛寒树．笔墨楚楚，时于几砚上辄自图写，故于古今绘事，别有殊好。偶得长卷小轴与笥中旧珍，时时展玩不置。流离时宁委奁具，而以书画捆载自随。末后尽裁装潢，独存纸绢，犹不得免焉，则书画之厄，而姬之嗜好，真且至矣。

三

姬能饮，自入吾门，见余量不胜蕉叶，遂罢饮，每晚侍荆人数杯而已，而嗜茶与余同性。又同嗜界片。每岁半塘顾子兼择最精者缄寄，具有片甲蝉翼之异。文火细烟，小鼎长泉，必手自炊涤。余每诵左思《娇女诗》"吹嘘对鼎铄"之句，姬为解颐。至"沸乳看蟹目鱼鳞，传瓷选月魂云魄"，尤为精绝。每花前月下，静试对尝，碧沉香泛，真如木兰沾露，瑶草临波，备极卢陆之致。东坡云："分无玉碗捧蛾眉。"余一生清福，九年占尽，九年折尽矣。

姬每与余静坐香阁，细品名香。宫香诸品淫，沉水香俗。俗人以沉香著火上，烟扑油腻，顷刻而灭。无论香之性情未出，即著怀袖，皆带焦腥。沉香坚致而纹横者，谓之"横隔沉"，即四种沉香内革沉横纹者是也，其香特妙。又有沉水结而未成，如小笠大菌，名"蓬莱香"，余多蓄之。每慢火隔砂，使不见烟，则阁中皆如风过伽楠，露沃蔷薇，热磨琥珀，酒倾犀斝之味，久蒸衾枕间，和以肌香，甜艳非常，梦魂俱适。外此则有真西洋香方，得之内府，迥非肆料。丙戌客海陵，曾与姬手制百丸，诚闺中异品，然爇时亦以不见烟为佳，非姬细心秀致，不能领略到此。黄熟出诸番，而真腊为上，皮坚者为黄熟桶，气佳而通；黑者为隔筏黄熟。近南粤东莞茶园村土人种黄熟，如江南之艺茶，树矮枝繁，其香在根。自吴门解人剔根切白，而香之松朽尽削，油尖铁面尽出。余与姬客半塘时，知金平叔最精于此，重价数购之，块者净润，长曲者如枝如虬，皆就其根之有结处随纹缕出，黄云紫绣，半杂鹧鸪斑，可拭可玩。寒夜小室，玉帏四垂，氍毹重叠，烧二尺许绛蜡二三枝，陈设参差，堂几错列，大小数宣炉，宿火常热，色如液金粟玉。细拨活灰一寸，灰上隔砂选香蒸之，历半夜，一香凝然，不焦不竭，郁勃氤氲，纯是糖结。热香间有梅英半舒，荷鹅梨蜜脾之气，静参鼻观。忆年来共恋此味此境，恒打晓钟尚未著枕，与姬细想闺怨，有斜倚薰篮，拨尽寒炉之苦，我两人如在蕊珠众香深处。今人与香气俱散矣，安得返魂一粒，起于幽房扃室中也！一种生黄香，亦从枯肿朽痈中取其脂凝脉结、嫩而未成者。余尝过三吴白下，遍收筐箱中，盖面大块，与粤客自携者，甚有大根株尘封如土，皆留意觅得，携归，与姬为晨夕清课，督婢子手自剥落，或斤许仅得数钱，盈掌者仅削一片，嵌空镂剔，纤悉不遗，无论焚蒸，即嗅之，味如芳兰，盛之小盘，层撞中色殊香别，可弄可餐。襄曾以一二示粤友黎美周，讶为何物，何从得如此精妙？即蔚宗传中恐未见耳。又东莞以女儿香为绝品，盖土人拣香，皆用少女。女子先藏最佳大块，暗易油粉，好事者复从油粉担中易出。余曾得数块于汪友处，姬最珍之。

余家及园亭，凡有隙地，皆植梅，春来早夜出入，皆烂漫香雪中。姬于含蕊时，先相枝之横斜与几上军持相受，或隔岁便芟剪得宜，至花放恰采入供，即四时草花竹叶，无不经营绝慧，领略殊清，使冷韵幽香，恒霏微于曲房斗室，至秾艳肥红，则非其所赏也。秋来犹耽晚菊，即去秋病中，客贻我"剪桃红"，花繁而厚，叶碧如染，浓条婀娜，枝枝具云罨风斜之态。姬扶病三月，犹半梳洗，见之甚爱，遂留榻右，每晚高烧翠蜡，以白团回六曲，围三面，设小座于花间，位置菊影，极其参横妙丽。始以身入，人在菊中，菊与人俱在影中。回视屏上，顾余曰："菊之意态尽矣，其如人瘦何？"至今思之，淡秀如画。闺中蓄春兰九节及建兰，自春徂秋，皆有三湘七泽之韵，沐浴姬手，尤增芳香。《艺兰十二月歌》皆以碧笺手录粘壁。去冬姬病，枯萎过半。楼下黄梅一株，每腊万花，可供三月插戴。去冬姬移居香俪园静摄，数百枚不生一蕊，惟听五鬣涛声，增其凄响而已。

姬最爱月，每以身随升沉为去住。夏纳凉小苑，与幼儿诵唐人咏月及流萤、纨扇诗，半榻小几，恒屡移以领之四面。午夜归阁，仍推窗延月于枕簟间，月去复卷幔倚窗而望。语余曰："吾书谢希逸《月赋》，古人厌晨欢，乐宵宴，盖夜之时逸，月之气静，碧海青天，霜缟冰净，较赤日红尘，迥隔仙凡。人生攘攘，至夜不休，或有月未出已鼾睡者，桂华露影，无福消受。与子长历四序，娟秀浣洁，领略幽香，仙路禅关，于此静得矣。"李长吉诗云："月漉漉，波烟玉。"姬每诵此三字，则反复回环，日月之精神气韵光景，尽于斯矣。人以身入波烟玉世界之下，眼如横波，气如湘烟，体如白玉，人如月矣，月复似人，是一是二，觉贾长江"倚影为三"之语尚赘，至"淫耽""无厌""化蟾"之句，则得玩月三昧矣。

姬性淡泊，于肥甘一无嗜好，每饭，以芥茶一小壶温淘，佐以水菜、香豉数茎粒，便足一餐。余饮食最少，而嗜香甜及海错风薰之味，又不甚自食，每喜与宾客共赏之。姬知余意，竭其美洁，出佐盘盉，种种不可悉记，随手数则，可睹一斑也。酿饴为露，和以盐梅，凡有色香花蕊，皆于初放时采渍之。经年，香味、颜色不变，红鲜如摘，而花汁融液露中，入口喷鼻，奇香异艳，非复恒有。最娇者为秋海棠露。海棠无香，此独露凝香发。又俗名断肠草，以为不食，而味美独冠诸花。次则梅英、野蔷薇、玫瑰、丹桂、甘菊之属。至橙黄、橘红、佛手、香橼，去白缕丝，色味更胜。酒后出数十种，五色浮动白瓷中，解酲消渴，金茎仙掌，难与争衡也。取五月桃汁、西瓜汁，一穰一丝漉尽，以文火煎至七八分，始搅糖细炼，桃膏如大红琥珀，瓜膏可比金丝内糖，每酷暑，姬必手取示洁，坐炉边静看火候成膏，不使焦枯，分浓淡为数种，此尤异色异味也。制豉，取色取气先于取味，豆黄九晒九洗为度，果瓣皆剥去衣膜，种种细料，瓜杏姜桂，以及酿豉之汁，极精洁以和之。豉熟擘出，粒粒可数，而香气酣色殊味，迥与常别。红乳腐烘蒸各五六次，内肉既酥，然后剥其肤，益之以味，数日成者，绝胜建宁三年之蓄。他如冬春水盐诸菜，能使黄者如蜡，碧者如菭。蒲藕笋蕨、鲜花野菜、枸蒿蓉菊之类，无不采入食品，芳旨盈席。火肉久者无油，有松柏之味。风鱼久者如火肉，有麂鹿之味。醉蛤如桃花，醉鲟骨如白玉，油蜇如鲟鱼，虾松如龙须，烘兔酥雉如饼饵，可以笼而食之。菌脯如鸡埈，腐汤如牛乳。细考之食谱，四方郇厨中一种偶异，即加访求，而又以慧巧变化为之，莫不异妙。

甲申三月十九日之变，余邑清和望后，始闻的耗。邑之司命者甚懦，豺虎狰狞踞城内，声言焚劫，郡中又有兴平兵四溃之警。同里绅衿大户，一时鸟兽骇散，咸去江南。余家集贤里，世恂让，家君以不出门自固。阅数日，上下三十余家，仅我灶有炊烟耳。老母、荆人惧，暂避郭外，留姬侍余。姬扃内室，经纪衣物、书画、文券，各分精粗，散付诸仆婢，皆手书封识。

群横日劫，杀人如草，而邻右人影落落如晨星，势难独立，只得觅小舟，奉两亲，挈家累，欲冲险从南江渡澄江北。一黑夜六十里，抵泛湖州朱宅，江上已盗贼蜂起。先从间道微服送家君从靖江行，夜半，家君向余曰："途行需碎金，无从办。"余向姬索之，姬出一布囊，自分许至钱许，每十两可数百小块，皆小书轻重于其上，以便仓卒随手取用。家君见之，讶且叹，谓姬何暇精细及此！

维时诸费较平日溢十倍尚不肯行，又迟一日，以百金雇十舟，百余金募二百人护舟。甫行数里，潮落舟胶，不得上。遥望江口，大盗数百人据六舟为犄角，守隘以俟，幸潮落，不能下逼我舟。朱宅遣有力人负浪踏水驰报曰："后岸盗截归路，不可返。"护舟二百人中且多盗党，时十舟哄动，仆从呼号垂涕。余笑指江上众人曰："余三世百口咸在舟。自先祖及余祖孙父子，六七十年来居官居里，从无负心负人之事，若今日尽死盗手，葬鱼腹，是上无苍苍，下无茫茫矣！潮忽早落，彼此舟停不相值，便是天相。尔辈无恐，即舟中敌国，不能为我害也。"先夜拾行李登舟时，思大江连海，老母幼子，从未履此奇险，万一阻石尤，欲随路登岸，何从觅舆辆？三鼓时以二十金付沈姓人，求雇二舆一车、夫六人。沈与众咸诧异笑之，谓"明早一帆，未午便登彼岸，何故黑夜多此难寻无益之费？"倩榜人募舆夫，观者绝倒。余必欲此二者，登舟始行，至斯时虽神气自若，然进退维谷，无从飞脱，因询出江未远果有别口登岸通泛湖洲者？舟子曰："横去半里有小路六七里，竟通彼。"余急命鼓楫至岸，所募舆车三事，恰受俯仰七人。余行李婢妇，尽弃舟中。顷刻抵朱宅，众始叹余之夜半必欲水陆兼备之为奇中也。

大盗知余中遁，又朱宅联络数百人为余护发行李人口，盗虽散去，而未厌其志，恃江上法网不到，且值无法之时，明集数百人，遣人谕余：以千金相致，否则竟围朱宅，四面举火。余复笑答曰："盗愚甚，尔不能截我于中流，乃欲从平陆数百家中火攻之，安可得哉？"然泛湖洲人名虽相卫，亦多不轨。余倾囊召阖庄人付之，令其夜设牲酒，齐心于庄外备不虞。数百人饮酒分金，咸去他所，余即于是夜一手扶老母，一手曳荆人，两儿又小，季甫生旬日，同其母付一信仆偕行，从庄后竹园深菁中蹒跚出，维时更无能手援姬。余回顾姬曰："汝速蹴步，则尾余后，迟不及矣！"姬一人颠连趋蹶，仆行里许，始仍得昨所雇舆辆，星驰至五鼓，达城下，盗与朱宅之不轨者未知余全家已去其地也。然身脱而行囊大半散矣。姬之珍爱尽失焉。姬返舍谓余：当大难时，首急老母，次急荆人、儿子、幼弟为是。彼即颠连不及，死深菁中无憾也。午节返吾庐，衽金革与城内枭獍为伍者十旬，至中秋，始渡江入南都。别姬五阅月，残腊乃回，挈家随家君之督漕任，去江南，嗣寄居盐官。因叹姬明大义、达权变如此，读破万卷者有是哉？

乙酉流寓盐官，五月复值崩陷，余骨肉不过八口，去夏江上之累，缘仆妇杂沓奔赴，动至百口，又以笨重行李四塞舟车，故不能轻身去。且来窥瞷。此番决计置生死于度外，扃户不他之。乃盐官城中，自相残杀，甚哄，两亲又不能安，复移郭外大白居。余独令姬率婢妇守寓，不发一人一物出城，以贻身累。即侍两亲，挈妻子流离，亦以子身往。乃事不如意，家人行李纷沓，违命而出。大兵迫檇李，剃发之令初下，人心益皇皇。家君复先去惹山，内外莫知所措，余因与姬决："此番溃散，不似家园，尚有左右之者，而孤身累重，与其临难舍子，不若先为之地。我有年友，信义多才，以子托之，此后如复相见，当结平生欢，否则听子自裁，毋以我为念。"姬曰："君言善！举室皆倚君为命，复命不自君出，君堂上膝下，有百倍重于我者，乃以我牵君之臆，非徒无益，而又害之。我随君友去，苟可自全，誓当匍匐以俟君回；脱有不测，前与君纵观大海，狂澜万顷，是吾葬身处也！"方命之行，而两亲以余独割姬为憾，复携之去。自此百日，皆展转深林僻路、茅屋渔艇。或一月徙，或一日徙，或一日数徙，饥寒风雨，苦不具述，卒于马鞍山遇大兵，杀掠奇惨，天幸得一小舟，八口飞渡，骨肉得全，而姬之惊悸瘁瘵，至矣尽矣！

四

秦溪蒙难之后，仅以俯仰八口免，维时仆婢杀掠者几二十口，生平所蓄玩物及衣贝，靡孑遗矣！乱稍定，匍匐入城，告急于诸友，即襫被不办。夜假荫于方坦庵年伯。方亦窜迹初回，仅得一毡，与三兄共裹卧耳房。时当残秋，窗风四射。翌日，各乞斗米束薪于诸家，始暂迎二亲及家累返旧寓，余则感寒，痢疟沓作矣。横白板扉为榻，去地尺许，积数破絮为卫，炉煨桑节，药缺攻补。且乱阻吴门，又传闻家难剧起，自重九后溃乱沉迷，迄冬至前僵死，一夜复苏，始得间关破舟，从骨林肉葬中冒险渡江。犹不敢竟归家园，暂栖海陵。阅冬春百五十日，病方稍痊。此百五十日，姬仅卷一破席，横陈榻边，寒则拥抱，热则披拂，痛则抚摩。或枕其身，或卫其足，或欠伸起伏，为之左右翼，凡病骨之所适，皆以身就之。鹿鹿永夜，无形无声，皆存视听。汤药手口交进，下至粪秽，皆接以目鼻，细察色味，以为忧喜。日食粗粝一餐，与吁天稽首外，惟跪立我前，温慰曲说，以求我之破颜。余病失常性，时发暴怒，诟谇三至，色不少忤，越五月如一日。每见姬星靥如蜡，弱骨如柴，吾母太恭人及荆妻怜之感之，愿代假一息。姬曰："竭我心力，以殉夫子。夫子生而余死犹生也，脱夫子不测，余留此身于兵燹间，将安寄托？"更忆病剧时，长夜不寐，莽风飘瓦，盐官城中日杀数十百人。夜半鬼声啾啸，来我破窗前，如蛮如箭。举室饥寒之人皆辛苦黬睡，余背贴姬心而坐，姬以手固握余手，倾耳静听，凄激荒惨，欷歔流涕。姬谓余曰："我入君门整四岁，早夜见君所为，慷慨多风义，毫发几微，不邻薄恶，凡君受过之处，惟余知之亮之，敬君之心，实逾于爱君之身，鬼神赞叹畏避之身也。冥漠有知，定加默佑。但人生身当此境，奇惨异险，动静备历，苟非金石，鲜不销亡！异日幸生还，当与君敝屣万有，逍遥物外，慎毋忘此际此语！"噫吁嘻！余何以报姬于此生哉！姬断断非人世凡女子也。

丁亥，谗口铄金，太行千盘，横起人面，余胸坟五岳，长夏郁蟠，惟早夜焚二纸告关帝君。久抱奇疾，血下数斗，肠胃中积如石之块以千计。骤寒骤热，片时数千语，皆首尾无端，或数昼夜不知醒。医者妄投以补，病益笃，勺水不入口者二十余日，此番莫不谓其必死，余心则炯炯然，盖余之病不从境入也。姬当大火铄金时，不挥汗，不驱蚊，昼夜坐药炉旁，密伺余于枕边足畔六十昼夜，凡我意之所及与意之所未及，咸先后之。己丑秋，疽发于背，复如是百日。余五年危疾者三，而所逢者皆死疾，惟余以不死待之，微姬力，恐未必能坚以不死也。今姬先我死，而永诀时惟虑以伊死增余病，又虑余病无伊以相待也，姬之生死为余缠绵如此，痛哉痛哉！

余每岁元旦，必以一岁事卜一签于关帝君前。壬午名心甚剧，祷看签首第一字，得"忆"字，盖"忆昔兰房分半钗，如今忽把音信乖。痴心指望成连理，到底谁知事不谐"。余时占玩不解，即占全词，亦非功名语，比遇姬，清和晦日，金山别去，姬茹素归，虔卜于虎嵝关帝君前，愿以终身事余，正得此签。秋过秦淮，述以相告，恐有不谐之叹，余闻而讶之，谓与元旦签合。时友人在坐。曰："我当为尔二人合卜于西华门。"则仍此签也。姬愈疑惧，且虑余见此签中懈，忧形于面，乃后卒满其愿。"兰房半钗""痴心连理"皆天然闺阁中语，到底不谐，则今日验矣。嗟乎！余有生之年，皆长相忆之年也。"忆"字之奇，呈验若此！

姬之衣饰尽失于患难，归来淡足，不置一物。戊子七夕，看天上流霞，忽欲以黄跳脱曑之，命余书"乞巧"二字，无以属对，姬云："曩于黄山巨室，见覆祥云真宣炉，款式佳绝，请以'覆祥'对'乞巧'。"镌摹颇妙。越一岁，钏忽中断，复为之，恰七月也，余易书"比翼连理"。姬临终时，自顶至踵，不用一金珠纨绮，独留跳脱不去手，以余勒书故。长生私语，乃太真死后，凭洪都客述寄明皇者，当日何以率书，竟令长恨再谱也！

姬书法秀媚，学钟太傅稍瘦，后又学《曹娥》。余每有丹黄，必对泓颖，或静夜焚香，细细手录。《闺中诗史》成帙，皆遗迹也。小有吟咏，多不自存。客岁新春二日，即为余抄写《全唐五七言绝句》上下二卷，是日偶读七岁女子"所嗟人异雁，不作一行归"之句，为之凄然下泪。至夜，和成八绝，哀声怨响，不堪卒读。余挑灯一见，大为不怿，即夺之焚去，遂失其稿。伤哉，异哉！今岁恰以是日长逝也。

客春三月，欲重去盐官，访患难相恤诸友。至邗上，为同社所淹。时余正四十，诸名流咸为赋诗，龚奉常独谱姬始末，成数千言，《帝京篇》《连昌宫》不足比拟。奉常云："子不自注，则余苦心不见。如'桃花瘦尽春醒面'七字，绾合己卯醉晤、壬午病晤两番光景，谁则知者？"余时应之，未即下笔。他如园次之"自昔文人称孝子，果然名士悦倾城"、于皇之"大妇同行小妇尾"、孝威之"人在树间殊有意，妇来花下却能文"、心甫之"珊瑚架笔香印厣，著富名山金屋尊"、仙期之"锦瑟蛾眉随分老，芙蓉园上万花红"、仲谋之"君今四十能高举，羡尔鸿妻佐春杵"、吾邑徂徕先生"韬藏经济一巢朴，游戏莺花两阁和"、元旦之"蛾眉问难佐书帏"，皆为余庆得姬，讵谓我侑卮之辞，乃姬誓墓之状邪？读余此杂述，当知诸公之诗之妙，而去春不注奉常诗，盖至迟之今日，当以血泪和麋隃也。三月之杪，余复移寓友沂友云轩。久客卧雨，怀家正剧。晚霁，龚奉常偕于皇、园次过慰留饮，听小奚管弦度曲，时余归思更切，因限韵各作诗四首。不知何故，诗中咸有商音。三鼓别去，余甫著枕，便梦还家，举室皆见，独不见姬。急询荆人，不答。复遍觅之，但见荆人背余下泪。余梦中大呼曰："岂死耶？"一恸而醒。姬每春必抱病，余深疑虑，旋归，则姬固无恙，因间述此相告。姬曰："甚异！前亦于是夜梦数人强余去，匿之幸脱，其人尚狺狺不休也。"讵知梦真而诗谶咸来先告哉？

出处：《影梅庵忆语·浮生六记·香畹楼忆语·秋灯琐忆》
岳麓书社，2016 年

/ 余怀 / 《板桥杂记·董白》

董白，字小宛，一字青莲。天姿巧慧，容貌娟妍，七、八岁时，阿母教以书翰，辄了了。稍长，顾影自怜。针神曲圣、食谱茶经，莫不精晓。性爱闲静，遇幽林远涧、片石孤云，则恋恋不忍舍去；至男女杂坐，歌吹喧阗，心厌色沮，意弗屑也。慕吴门山水，徙居半塘，小筑河滨，竹篱茅舍，经其户者，则时闻歌诗声或鼓琴声，皆曰："此中有人。"已而，扁舟游西子湖，登黄山，礼白岳，仍归吴门。丧母、抱病，画楼以居。随如皋冒辟疆过惠山，历澄江、荆溪，抵京口，陟金山绝顶，观大江竞渡以归。后卒归辟疆为侧室。事辟疆九年，年二十七，以劳瘁死。死时，辟疆作《影梅庵忆语》二千四百言哭之，同人哀辞甚多，惟吴梅村宫尹十绝句，可传小宛也。存其四首云："珍珠无价玉无瑕，小字贪看问妾家。寻到白堤呼出见，月明残雪映梅花。"又云：《念家山破》《定风波》，郎按新词妾按歌。恨杀南朝阮司马，累侬夫婿病愁多。"又云："乱梳云髻下妆楼，尽室仓皇过渡头。钿盒金钗浑抛却，高家兵马在扬州。"又云："江城细雨碧桃村，寒食东风杜宇魂。欲吊薛涛怜梦断，墓门深更阻侯门。"

出处：《板桥杂记》（外一种）

上海古籍出版社，2000 年

红烬

［寇白门］

一

　　金陵城里有一条秦淮河。
　　秦淮河边有一世娟之家。

　　寇家。明末，寇家出一女子，色艺双绝，声躁江南。她叫，寇白门。娟娟静美，跌宕风流。能度曲，善画兰，也知拈韵吟诗。又心思缜密，擅于谋计，殊于群芳。甚至，有人说她以娼妓之名掩藏了自己大明细作的身份。听上去，颇有奇趣。
　　一带妆楼临水盖，家家粉影照婵娟。

　　纵观秦淮八艳，寇白门的结局最是凄凉。无论得与不得，好或是坏，人人心中都住着一份爱情。马湘兰与王穉登。柳如是与钱谦益。顾横波与龚鼎孳。陈圆圆与吴三桂。卞玉京与吴伟业。李香君与侯方域。董小宛与冒辟疆。

　　唯独寇白门，心中无人。

孤寡一生。

二

秦淮八艳，寇白门年岁最小。

却也是她，出名得最早。

寇白门，本名寇湄，白门是她的小字。生于公元 1624 年，与董小宛同岁。与另外七艳不同，她生于、长于世娼之家。以色事人仿佛是她的宿命。因此，她的从妓生涯反倒清简、单纯些。没有自怨自艾和无穷尽的身世之伤。见惯了的，就是脂粉铅华与逢场作戏。

对从良一事，素来就看得淡些。

虽出生微贱，但十分坦然。与其嫁作人妇，受三纲五常之约束，倒不如在这烟花红绿的地方，来得逍遥快活。不过，这并不表示她自甘堕落，痴恋风尘。若真有真心实意，欲为之赎身与之共生的良人，她自然也是要把握的。许是因着血统里的旖旎，她的心思要比旁人冷静、周密，有筹谋得多。

十七岁那年,她遇到了保国公朱国弼。

朱国弼其人,《明史》(卷173)记:"子麒,袭侯,尝充总兵官,镇两广。与姚镇平田州,诛岑猛,加太子太保。嘉靖初,召还。久之,守备南京,卒。子岳嗣,亦守备南京。隆庆中卒。四传至孙国弼。天启中,杨涟劾魏忠贤,国弼亦乞速赐处分。忠贤怒,停其岁禄。崇祯时,总督京营。温体仁柄国,国弼抗疏劾之。诏捕其门客及缮疏者下狱,停禄如初。及至南京,进保国公。乃与马士英、阮大铖相结,以讫明亡。"

二人何时相识,如何往来,不得而知。只是知道,那一年,朱国弼疯魔一般地恋上了这个小女子。寇家姐妹多姿丽,寇白门又是寇家姐妹之翘楚。与男子往来之手段,定是要厉害些的。能将与朱国弼的一段情事隐藏得密不透风,便是旁人学不来的本事。

世人知晓之时,便是她风光大嫁之日。

她不是柳如是,遇到的不是反叛的文人士子钱谦益。是本身便是代表纲常祖制与正统价值的皇室贵胄。为身份所限,注定是无法被明媒正娶。吊诡的是,朱国弼却反倒给了她一个前无古人后无来者的盛大婚礼。某种程度上讲,她的婚礼要比柳如是的惊心动魄得多。

崇祯十五年，寇白门与朱国弼大婚。大婚那日，春风沉醉。五千名披甲战士，人手一盏大红纱灯，从武定桥排到了国公府。光如日照。虽依照祖制，妓女从良婚嫁，须在夜间悄悄举行，不易张扬。但朱国弼奢靡，给了寇白门最大的阵仗。

那时候，秦淮两岸，谁人不妒？

不过，好事也就止于此了。寇白门一生孤凉，仿佛是为了当日一刹的欢愉，赔付了毕生的好运。国公府佳丽如云，其中就有同时秦淮妓馆的美人王满。入了朱府之后，好日并不长久。朱国弼喜新厌旧之恶习，可谓是登峰造极。

不出几日，寇白门便成了国公府的众多摆设之一。倒是寇白门心宽，既来之，则安之。对自己重蹈旁人覆辙，日渐失宠的生活，并不介意。照样是坦荡荡地过着自己的日子。一花一鸟一屏风，皆是她眼中好景。生在何处，都是为了打发生活。

也有人说，寇白门本就是安插到朱府的细作。因此，国公宠幸与否，自然是她不在意的。她在意的，是国公往来之行踪。如斯一想，也是合理。她不是《美人心计》里的窦漪房，为人胁迫，最后要与旧主吕雉反目，倒戈汉文帝。说不定，她真的是自主请愿而来。只求做好本分的事。

哪里会在意国公的喜恶与恩宠。

不料，两年之后，江山易主。大明灭亡，大清南下，取而代之。崇祯十七年，清廷一纸令下，朱国弼居家上下迁居京城被软禁。此时，府上的一干姬妾便成了国公爷兑换金银的商品。是，他急需银两来打点自己的末路。

弱质女流总是任凭男人宰割。但是，寇白门不是寻常女子，断不会就此任人轻易决断自己的去处。她铤而走险，来到朱国弼的面前，提出要求。说："若卖妾所得不过数百金……若使妾南归，一月之间当得万金以报公。"

朱国弼未必全然相信寇白门的话，之所以他同意了寇白门的请求，想必平日寇白门明里暗里一定向朱国弼展现过自己的能耐。正陷险境，若不应了寇白门，反因一可有可无的女子，惹出更多乱子，是万万不可取的。姬妾众多，放她一个，也不足为碍。虽也是"婉娈倚门之少女，调琴鼓瑟之小妇（陈寅恪评柳如是之句）"，但却不可小觑。

如是，寇白门短衣匹马，携一侍婢南归。

离开了京师。
离开了朱国弼。

结束了自己短暂的婚姻生涯。

三

南归之后的寇白门，重操故业。

当日，允诺朱国弼的万金资财，也不曾食言。万金之数，实在不小。寇白门既有如此本事，短短月余，筹金万两，可见她确非寻常女妓。南归之后，寇白门筑园亭、结宾客，日日与文人骚客酒酣往返。日子看上去依然自在。想当日情形，或许正如电影《金陵十三钗》里那首《秦淮景》的唱词一般：

> 我有一段情呀，唱给诸公听，
> 诸公各位，静呀静静心呀。
> 让我来，唱一首秦淮景呀，

细细哪，道来末，唱给诸公听呀。

秦淮缓缓流呀，盘古到如今，

江南锦绣，金陵风雅情呀。

瞻园里，堂阔宇深深呀，

白鹭洲，水涟涟，世外桃源呀。

而今，大明朝不复再有。

若她果真是明廷细作，而今也是巾帼无用了。可是，日子
依然要过下去。总该有所依靠，有所寄托。是为女子，不惧生
死，最怕孤独。时日长久，寇白门的性子变得不似昔年铿锵有
力，也会生发感伤。"或歌或哭，亦自叹美人之迟暮，嗟红豆
之飘零也。"

后来，她想着，要不再嫁一次？

时有扬州某孝廉，恋慕寇白门已久。其人敦厚，虽家世平
平，但也不失为一个理想的依归之人。几番思虑，寇白门下嫁
扬州。但岁月不平顺，她愿意迁就运命，运命却未必愿意接受。
不久之后，与之分离。复还金陵。

只是，今时今日的寇白门年岁也渐长，姿容不似从前了。

连倚门卖笑也变得力不从心。后来，有人说，她开始变得热衷与少年为伍。是想从年轻男子的眼神里，找回一点曾经吗？真是伤感。可是，她还能如何？她真的，老了。唐有鱼玄机，清有寇白门。不服老的女子，可敬亦可悲。

老，真是可怕。

尚有男子惧老，更何况秦淮河畔为美而生的一群女子呢？美，便是她们的命。容色衰败了，这人生恐怕也就到头了。余怀在《板桥杂记》里记到一则小事，说当年寇白门有一相好，叫韩生。韩生年轻，她却苍老。老了，身体也就大不如前，十日之八九，总是卧病在床。

那日，她叫韩生来，绸缪悲泣，感伤岁月凌厉。寇白门本想久留韩生的。无奈韩生一再推辞，终是借故离开。彼时，她心中沟壑太深，岁月亦不能填平。她唯能让自己活在凄迷幻念里，假装自己还是昔年风里来去的飒爽女子。韩生离去时，寇白门执手不忍相别。

其实，对爱与不爱，她已不介怀。她要的，只是有个人在身旁。哪怕只与她流连往事，顾念曾经，一道惆怅。三杯两盏淡酒，把未尽的日子打发。事到如今，连这一点念想，也已不能如愿了。她知道，这一别，他是再也不会回来了。

入夜之后，寇白门辗转不能眠去。迷蒙之间，她竟听见侍婢的房里传来韩生淫声笑语。屋漏偏逢连夜雨，船迟又遇打头风。岁月待她实在残忍，仿佛韩生是老天故意派来折磨她的。她受得了遗弃，受不了侮辱。韩生此举，置她于一种羞愤交杂的至为凄凉的境地。叫她如何能够忍受？

终于，她毁掉了自己一生一世经营的美丽。唤来侍女，捶打不止。又咒骂韩生，无良负心，禽兽不如。她知道，自己毕生的勇敢终于在此夜耗尽。这一晚，她仿佛是用尽了一生委屈和不甘，与命运歇斯底里地对抗，仿佛只有吼出心中最后一声忿忿不平之音，才能证明：

寇白门也有过姹紫嫣红的一辈子。

就这样，寇白门用尽了人生最后的一点力气，给了愤怒，给了不安，给了羞辱，给了光明永不复见的夜晚。病逝于最深最深的孤独。寇白门生前，轻财好客，故知不少。死后，文人士子无不悼念之。只是，这潦倒的注目，来得实在是晚了些。

江山易主。

美人迟暮。

最是哀伤。

钱谦益有诗《寇白门》，曰：

> 寇家姊妹总芳菲，
> 十八年来花信迷。
> 今日秦淮恐相值，
> 防他红泪一沾衣。
> 丛残红粉念君恩，
> 女侠谁知寇白门？
> 黄土盖棺心未死，
> 香丸一缕是芳魂。

她一生蹉跎，唯独一颗心，烈烈似火。

四

幼年无忌，大多活得天真。少年热血，大多活得恣肆。青
年人，喜忧参半，看见人世无常。中年人，时岁温良，开始学

会宽谅。最好的苍老，是儿孙满堂，喜乐平安。最坏的暮年，是无枝可栖，无依无傍。谋生不易，谋爱更难。

人生长河漫漫，你我于当中痴、恋、恨，或是纠缠，都与岁月本身无关。终有一日，都会明白，人来人往，花开花败，所有美好或哀伤的过往，都要烟消云散。所有不可预料的好或坏的以后，也都会缓缓而来。做一个安静的人，与岁月温柔相待。珍惜现在。

这些都是寇白门告诉我们的道理。

世爱迷离，不提也罢。美貌、才华，都是奢侈品。所有热闹的曾经，或是凄凉的晚景，终要化作尘埃，尽散风里。一切生之细碎纹理，都将消失于苍茫人海。包括：憎、怒、悲、喜，还有爱。死去的时候，复归于婴孩。

最好的人生，应该是：

平凡。

平淡。

平静。

平安。

附

/ 余怀 / 《板桥杂记·寇湄》

寇湄，字白门。钱虞山诗云："寇家姊妹总芳菲，十八年来花信违。今日秦淮恐相值，防他红泪一沾衣。"则寇家多佳丽，白门其一也。白门娟娟静美，跌荡风流，能度曲，善画兰，粗知拈韵吟诗，然滑易不能竟学。十八、九时，为保国公购之，贮以金屋，如李掌武之谢秋娘也。甲申三月，京师陷。保国生降，家口没入官。白门以千金予保国赎身，跳匹马，短衣，从一婢南归。归为女侠，筑园亭，结宾客，日与文人骚客相往还。酒酣以往，或歌或哭。亦自叹美人之迟暮，嗟红豆之飘零也。既从扬州某孝廉，不得志，复还金陵。老矣，犹日与诸少年伍。卧病时，召所欢韩生来，绸缪悲泣，欲留之偶寝。韩生以他故辞，犹执手不忍别。至夜，闻韩生在婢房笑语，奋身起唤婢，自箠数十，咄咄骂韩生负心禽兽行，欲啮其肉。病逾剧，医药罔效，遂以死。虞山《金陵杂题》有云："丛残红粉念君恩，女侠谁知寇白门？黄土盖棺心未死，香丸一缕是芳魂。"

出处：《板桥杂记》（外一种）

上海古籍出版社，2000 年